CONSIDERATIONS SUR LA GUERRE D'ALLEMAGNE.

Ecrit Anglois traduit ſur la cinquieme Edition.

Se trouve

A PARIS,

Chez les Freres ESTIENNE, Libraires Rue St. Jacques, à la Vertu.

AVEC PERMISSION. 1761.

AVERTISSEMENT
DE L'AUTEUR.

L'AUTEUR de cet écrit, hazardant une opinion qui en quelque ſorte lui eſt particuliere, il croit à propos de s'appuyer d'une autorité, qu'il eſt impoſſible de recuſer:

c'eſt-à-dire, des propres expreſſions du Roi de Pruſſe dans un Reſcrit, qu'il avoit pris lui-même la peine de rediger.

„ Comme il ne conviendroit à „ aucun Prince d'Allemagne de s'in„ gérer dans l'adminiſtration inté„ rieure de l'Angleterre, ni dans „ ce qui regarde ſes conſtitutions; „ je crois être en droit d'eſpérer, „ que la nation Angloiſe ne ſe mê„ lera point des affaires de l'Em„ pire. Et je m'en flatte d'autant „ plus, qu'il n'y a aucune conſi„ dération de commerce, ou de „ quelque autre nature que ce ſoit,

„ qui puiſſe engager l'Angleterre „ à entrer dans cette querelle. Et „ ſans m'arrêter aux raiſons de „ préférence, qui pourroient faire „ incliner l'Angleterre plûtôt pour „ telle Cour d'Allemagne que pour „ telle autre, je crois qu'il ſeroit „ tout-à-fait déraiſonnable de pré- „ tendre, que des Princes auſſi „ puiſſans & auſſi reſpectables que „ le ſont ceux de l'Empire, dûſ- „ ſent être obligés à regler leur „ conduite ſur les vues & les goûts „ de ceux d'entre les Anglois qui „ s'efforcent de faire participer „ leur nation à des querelles étran-

„ geres, qui n'ont aucune eſpece „ de rapport avec les intérêts de „ la Grande-Bretagne."

Reſcrit de Sa Majeſté Pruſſienne, imprimé à Londres en 1744, ſur la copie donnée par ſon Miniſtre.

CONSIDÉRATIONS SUR LA GUERRE D'ALLEMAGNE.

L'AUTEUR de cet écrit ne prétend point avoir plus de lumieres, ni être mieux inſtruit que beaucoup d'autres. Il ne veut que préſenter au public ſes reflexions déſintéreſſées ſur notre ſituation actuelle & ſur la methode que nous avons choiſie pour continuer la guerre. Si on ne les trouve point juſtes, il veut bien que perſonne ne s'y arrête, mais ſi l'on eſt obligé de convenir qu'elles ſont fondées, il croït qu'elles méritent la plus grande attention de la part de ſes Lecteurs.

La Grande-Bretagne n'a point aujourd'hui d'autre guerre ſur les bras que celle dans laquelle elle eſt engagée contre la France. A peine a-t'elle une ombre de différend avec quelqu'autre puiſſance que ce ſoit.

Malgré tout ce qu'on peut dire de nos forces navales preſque immenſes, il faut convenir que ſur terre la France nous eſt ſupérieure.

Non ſeulement elle eſt plus forte par ſes armées que la Grande-Bretagne, mais elle ſurpaſſe également toutes les autres Puiſſances. L'Allemagne eſt diviſée en un grand nombre d'Etats indépendans les uns des autres, aulieu que toutes les forces de la France ſont raſſemblées dans un ſeul & même corps.

Les trois Puiſſances qui ont le plus à craindre de la part de la France, & qui, ſans le concours d'aucune autre, peuvent, en ſe réuniſſant, lui faire la guerre avec ſuccès, ſont l'Allemagne, la Hollande & l'Angleterre. Il ne peut ſe former contre les forces de terre de la France aucune conféderation dont elle ait lieu de s'allarmer, ſi elle n'eſt appuyée ſur une union ſolide entre ces trois Puiſſances, quand même il s'en préſenteroit d'autres pour y accéder.

Il eſt vrai que la France fut preſqu'entierement épuiſée par la guerre de 1701, dans laquelle elle eut affaire à toute l'Europe; mais sa longue résistance fait voir jusqu'à quel degré ses forces peuvent parvenir. Son Souverain peut bien n'avoir ni le bonheur, ni le génie entreprenant de Louis XIV. mais le Royaume est toûjours le même, & ses forces de terre sont toûjours formidables. Ainsi toute demarche qui tend à faire armer les uns contre les autres, les Etats d'Allemagne, de Hollande & d'Angleterre, ou à rompre leur bonne correspondance, ne peut être attribuée qu'à des vues aussi favorables aux intérêts de la France, que contraires à ceux des autres Puissances.

Toutes les fois qu'une rupture éclatera entre deux Etats d'Allemagne, la politique de la France lui conseillera toûjours de les y exciter & d'allumer de plus en plus entre elles le feu de la guerre. Elle aura encore plus de sujet de le faire, lorsque ce sera entre deux des principales Puissances de l'Europe.

De même que s'il s'éleve une guerre entre deux grands Etats d'Europe, ou entre deux Princes quelconques de l'Empire, tous les autres Etats, la France exceptée, sont intéressés à employer leur médiation & leurs bons offices pour accommoder les différends qu'ils ont ensemble.

La France a toûjours estimé qu'il étoit de sa politique de prendre part à toutes les querelles de l'Empire, & d'entretenir le plus qu'il se pourroit les sujets de ces querelles. Si l'Angleterre ou la Hollande embrassent un parti contraire à celui qu'il convient à la France de défendre, le mal ne pourra que s'étendre & se perpétuer.

Si ce que l'on entend par l'intérêt général de toutes les Puissances, n'est point une chimere, & si l'Allemagne désire d'être utile à la Grande-Bretagne dans la vue de cet intérêt commun, il ne faut pas que la division soit dans son sein. Ainsi lorsque l'on seme des dissensions dans l'Empire, ou que l'on excite des querelles entre ses membres, cela peut bien s'appeller seconder les desseins d'un certain Electeur; mais on ne pourra jamais dire que ce soit travailler à promouvoir les intérêts de l'Angleterre.

Non seulement l'Europe entiere a lieu de se plaindre, lorsque nous prenons part aux querelles de l'Allemagne, mais l'Allemagne en souffre elle-même. Une querelle s'est élevée entre deux principaux membres de cet Etat, au sujet de leurs titres sur la possession de quatre grands Duchés, situés dans une de ses provinces les plus reculées. Il n'eſt point douteux que ce différend n'ait été pour ces Etats un malheur terrible. Cependant comme ils n'ont pas plus l'un que l'autre des revenus inépuiſables, il eſt ſenſible que, ſi on les eût abandonnés à eux-mèmes, il ſeroit arrivé que l'un des deux, ſe trouvant à la fin ſans reſſources, auroit été obligé de céder.

Que ce ſoit l'Autriche qui ait triomphé de la Pruſſe, ou la Pruſſe de l'Autriche, c'eſt ce qui nous importe fort peu; car, outre que le païs par ſa poſition eſt trop éloigné de l'Angleterre pour occuper ſon attention le moins du monde, il eſt certain que, comme nous avons été enrôlés ſucceſſivement dans les deux partis, c'eſt une preuve bien palpable, que l'un nous attache tout auſſi peu que l'autre.

On objectera ſans doute, que *ſi la Grande-Bretagne neglige de prendre part dans ces guerres d'Allemagne, la France n'en ſuivra pas moins ſon objet, & voudra s'y intéreſſer*. Mais, de grace, en quoi l'Allemagne ſera-t'elle ſoulagée, ſi toutes les fois, que la France y épouſera un parti, l'Angleterre ſe déclare pour le parti oppoſé? La France aura toûjours grand ſoin d'envoyer en Allemagne un nombre de troupes ſuffiſant pour tenir la balance égale, & l'Angleterre avec toute ſa bonne volonté ne pourra qu'entraîner dans la querelle autant d'Allemans, que la France en aura ſous ſes drapeaux, & leur fournir pour plus de tems encore matiere à s'égorger les uns les autres.

Mais ſi l'on laiſſe aux François la liberté de faire ce qu'ils voudront dans l'Allemagne, ils y acquéreront un credit trop puiſſant ſur les différens Etats qui la compoſent. Oui, pour un tems, & c'eſt ce que la Grande-Bretagne ne ſçauroit empêcher. Lorſqu'elle embraſſe un de deux partis, tout ce qu'il en reſulte, c'eſt que l'influence de la France, ſur celui qu'elle a adopté, en devient d'autant plus forte.

C'eſt-à-dire donc, que nous ſommes bien aiſes que les François inondent toute l'Allemagne. Non aſſûrement; mais ſi c'eſt le goût de la France de mettre les Princes d'Allemagne aux priſes les uns avec les autres, & qu'ils ſoient aſſez moux pour la laiſſer agir, eſt-ce à l'Angleterre à rendre raiſon de leur conduite? Si l'amour de leur païs eſt un ſentiment aſſez abatardi dans les Allemans, pour qu'ils ne faſſent point difficulté d'y appeller des étrangers qui l'écraſent, pourquoi ſerions-nous plus affectés qu'eux-mêmes des maux, auxquels ils l'exposent? L'Angleterre doit-elle s'épuiser, doit-elle négliger les guerres qu'elle entreprend pour son propre compte, afin de sauver malgré eux des gens, qui ne veulent coopérer en rien à leur propre délivrance?

Mais souffrirons-nous que les intérêts de la Religion Protestante soient sacrifiés? Oh, pour cette difficulté, comme il y a beaucoup de fort bonnes gens, à qui elle tient au cœur, elle merite une reponse particuliere. Le hazard veut que nous ayons de notre côté un Prince qui porte le titre de Prince Protestant, & à cause de cela on ne cesse de nous prêcher la cause de la Religion Protestante. On n'observe point que dans la guerre derniere, lorsque nous soutenions les droits de la Reine de Hongrie, ce même Prince Protestant avoit pour défenseur le fils aîné de l'Eglise Romaine. S'avisa-t'on dans ce tems-là de penser que la cause Protestante entrât pour quelque chose dans le sujet de la guerre? Pourquoi donc l'imaginer à l'occasion de celle-ci? Alors ce valeureux champion du Protestantisme étoit universellement décrié chez nous, comme un homme sans foi, sans Religion, sans principes. Seroient-ce ſes écrits, qui nous auroient fait changer de ſentiment, & qui nous feroient reſpecter en lui aujourd'huy un amour de la Religion, que nous ne lui avions pas encore connu ? Enfin n'avons-nous pas débuté dans la guerre préſente même, par une alliance avec la Ruſſie, contractée principalement pour faire entrer une armée Ruſſe ſur les Etats de ce défenſeur du Proteſtantiſme ? Mais il n'eſt pas néceſſaire d'entrer à ce ſujet dans de nouveaux détails.

Rappellons-nous l'état où étoient les Puiſſances de l'Europe, lorſque les premiers feux de la guerre actuelle ont éclaté. Y avoit-il un ſeul Prince de la communion Romaine qui eût attaqué la Religion Proteſtante, ou qui eût laiſſé voir le plus leger deſſein d'entreprendre ſur les droits d'un ſeul des Etats Proteſtans ? Peut-on citer une ſeule innovation, qui eût été faite dans l'Empire au préjudice du Proteſtantiſme, ſi ce n'eſt que le Roi de Pruſſe avoit fait élever dans Berlin même, au milieu de ſes Etats Proteſtans, une Egliſe Romaine ?

Promenons nos regards ſur toute l'Europe, nous verrons autant d'Etats Proteſtans qui combattent contre nous, qu'il y en a dans notre parti. Y a-t'il quelqu'un qui ait ſeulement imaginé, que les François attaquent les Hanovriens à cauſe qu'ils ſont Proteſtans, ou que ce ſoit pour faire la conquête ſpirituelle de l'Electorat, qu'ils y envoyent leurs armées? Ont-ils fait la moindre tentative de cette ſorte, tant qu'ils ſont demeurés en poſſeſſion de cet Electorat? Perſonne ne nous empêchera d'appeller le Roi de Pruſſe le défenſeur du Proteſtantiſme, quoiqu'aſſûrement ce ne ſoit pas en nous une expreſſion du cœur: mais il eſt certain qu'aucun des Etats Proteſtans ne pourra nous ſçavoir gré de ce qu'il a fait, & qu'à l'exception de ceux qui ſe ſont vendus à nous, il n'y a point d'Etats Proteſtans en Allemagne, qui veuillent embraſſer ſa cauſe. La premiere demarche concertée de ce Héros de la cauſe Proteſtante a été l'invaſion & l'uſurpation de la Saxe, le premier Etat Proteſtant de l'Empire; il a debuté par exciter les uns contre les autres tous les Etats Proteſtans.

Je prie mes Lecteurs d'obſerver, qu'il ne s'agit point ici de ſçavoir, ſi le Roi de Pruſſe fait ou non une guerre juſte; mais ſi c'eſt une guerre de Religion? Que le bon droit ſoit du côté de la Pruſſe, ou de celui de la Saxe, le préjudice que souffre la cause Protestante de ces animosités entre des Electeurs Protestans, n'en est pas moins réel. Il fut un tems, où les Pontifes Romains tenoient de fréquens consistoires, pour trouver le moyen le plus efficace d'étouffer la Réforme, alors au berceau. Des Empereurs que l'esprit d'intolérance dominoit trop, ont fait de puissantes ligues contre le Protestantisme, & ont joint leurs forces à celle des Papes pour l'écraser. Mais les ennemis les plus implacables de cette Religion auroient-ils jamais imaginé une voie plus sûre pour l'anéantir, que de faire naître des guerres entre les Princes qui la professent.

Y eût-il pû avoir rien de plus satisfaisant pour Grégoire & pour Ferdinand, que de voir le païs, où la Réforme avoit pris naissance, la Saxe même, ravagée d'un bout à l'autre, ses villes ruinées, leurs fauxbourgs brûlés, ses Princes & ses Nobles errans & bannis, ses Négocians réduits à la mendicité, ses païsans forcés à quitter leur charruë, pour prendre les armes, pour égorger leurs compatriotes, leurs voisins Protestans de la Boheme, de la Hongrie & de la Silésie, ou à se refugier dans les armées Françoises, où ils combattent ſous l'étendart de Rome, contre des Proteſtans leurs freres, & où on les fait marcher ſur le corps * des Anglois, Proteſtans comme eux.

La haine la plus meditée du Proteſtantiſme pourroit-elle jamais conſeiller à ceux qui par principe ont juré ſa perte, un moyen plus infaillible de le détruire, que d'armer les Proteſtans Anglois ou Hanovriens contre les Proteſtans du Wirtemberg, les Heſſois contre les Palatins, les Pruſſiens contre les Suédois, ceux du Brandebourg contre ceux de la Hongrie & de la Sileſie? Qui croiroit que ce ſont les Proteſtans eux-mêmes qui ont imaginé ce moyen de s'entredétruire, & que de part & d'autre, dans l'eſpace d'une ſeule année, ils ont prodigué, pour l'effectuer, des tréſors infiniment plus conſidérables, que tout l'argent conſacré à ce même objet par la Cour de Rome, depuis les prédications de Luther?

* Les troupes qui paſſerent ſur le corps du Général Kingsley à la bataille de Minden, & qui auparavant auroient été hachées en pieces, ſi notre Cavalerie fût arrivée, étoient de l'Infanterie Saxonne. Ce furent encore des Regimens Saxons que les François oppoſerent à l'attaque du Prince Ferdinand à Bergen.

Mais est-ce que nous souffrirons que la France fasse la conquête de l'Electorat de Hanovre ? Oh! tranquillisons-nous sur ce point. Il ne viendra à l'idée de personne que la France puisse songer à faire la conquète de Hanovre, pour s'y établir à demeure. En tout cas nous aurions bien tort nous autres Anglois d'envier à la France la dure obligation de défendre un païs environné de ses ennemis de toutes parts, & si éloigné de ses autres Etats. Au surplus la France n'est entrée en Allemagne que comme l'amie & l'alliée de l'Empire, & que parce qu'elle y étoit obligée en sa qualité de garante de la paix de Westphalie. Tout ce qu'elle pourroit proposer, en supposant qu'elle eût de ce côté les plus grands succès, ce seroit de se maintenir dans l'Electorat pendant la guerre, pour le garder à tître de dépôt, comme le Roi de Prusse a fait par rapport à la Saxe. Si les choses en venoient-là, il n'est pas douteux que tous les gens bien intentionnés n'en eussent du déplaisir; mais je ne vois pas que ce fût un mal assez extrême, pour que l'Angleterre dût soulever le ciel & la terre, & courir toutes sortes de risques pour l'empêcher. Les François s'empareroient de tous les reve-

nus

nus du païs, & les peuples payeroient à la France tous les impôts qu'ils payent à leur Souverain. Mais à cela que perdroit l'Angleterre? Et après tout, cette recette enfleroit-elle si prodigieusement le trésor de la France? Tout cet argent seroit employé pour les besoins de l'armée même, qui occuperoit l'Electorat. Mais je suppose que pendant trois ans, que la France resteroit en possession de ce païs, le Général, qui y commanderoit des troupes, fût assez désintéressé, pour envoyer chaque année à Versailles, par exemple, deux cens mille livres sterling, & en vérité, c'est bien tout ce que l'Electorat pourroit rendre, aurions-nous lieu de regretter de n'avoir pas depensé pendant ces trois années douze millions sterling, pour empêcher la France de tirer six cens mille livres de l'Electorat d'Allemagne.

Il est vrai que nous n'avons point été bien aises d'apprendre qu'il étoit question de faire de l'Electorat un véritable désert. Mais dans quelle vue pourroit-on avoir pris cette résolution? Ce n'étoit sûrement pas en regardant le païs comme conquis, puisque la raison eût demandé qu'on l'épargnât; c'étoit au contraire pour s'assûrer de le conserver. Les loix de la guerre, aujourd'hui plus humaines, ne permettent point d'incendier les villes, & de ravager les provinces, lorſqu'elles ne font point de réſiſtance. „ *Avant que le Chriſtianiſme fut établi ſur la terre*, dit le Maréchal de Saxe, *lorſque les provinces vaincuës étoient dévaſtées & dépeuplées, on avoit quelque apparence de raiſon de fortifier les grandes villes; mais aujourd'hui que la guerre ſe fait avec plus de modération, avec plus d'humanité, & qu'on trouve même, que de cette maniere le vainqueur en retire de plus ſolides avantages &c.* des hoſtilités un peu violentes ne ſe commettent que dans le cas d'une guerre actuelle, & ne doivent être occaſionnées que par la réſiſtance. Ainſi lorſque deux grandes armées ſe trouvent dans un païs, chacune d'elle fera en ſorte de fruſtrer ſon ennemi des moyens de ſubſiſtance. Dans les guerres de la Reine Anne les Eſpagnols brûlerent leur propre païs. Ce ſont des déſaſtres, qui ne ſont jamais les ſuites néceſſaires de l'envahiſſement d'une province, mais que l'intérêt, qu'on trouve à la défendre, rend ſouvent inévitables. Au ſurplus peut-on accuſer les François d'avoir exécuté ce projet de dévaſtation, lorſque leurs armes ont été victorieuſes, & lorſqu'ils avoient la tranquille poſſeſſion de l'Electorat? Pour leur propre avantage ils ſe garderont bien de ruiner le païs. Mais ſi une armée ſupérieure entreprend de les en chaſſer, ſi celle, qui le défend, craint de ſe voir obligée de l'abandonner, de part & d'autre, on ſe croira intéreſſé à ne laiſſer derriere ſoi à ſon ennemi que le moins de reſſources qu'il ſera poſſible. Telles ſont les calamités affreuſes, auxquelles de propos délibéré nous avons expoſé l'Electorat, & c'eſt le ſort de tout Etat inférieur, au ſein duquel deux grandes Puiſſances auront établi le théatre de leur guerre.

Nous avons vû les François en poſſeſſion de l'Electorat. Le ſoleil a-t'il pour cela refuſé de ſe montrer? les rivieres ont-elles remonté vers leurs ſources? Je reponds bien, qu'on n'a rien vû de ſemblable en Angleterre. La Grande-Bretagne a continué d'être une isle tout comme auparavant. Notre gouvernement a été ſon train, quoique les François euſſent ſaiſi les rênes de celui de Hanovre. *Mais le peuple y étoit miſérable.* Sans doute, & il n'étoit pas poſſible que cela fût autrement, quoiqu'en même tems il ſoit bien certain, qu'il ne l'a jamais été à l'excès, où l'on a voulu nous le faire croire. Consultons les Hanovriens eux-mêmes. Nous n'avons pas de moyen plus ſûr, pour juger de ce qu'ils ſouffrirent. Quelle fut leur conduite lorſqu'ils ſe virent au pouvoir de la France? La Chancellerie de Hanovre, abjurant toutes ſes liaiſons avec l'Angleterre, fit la Convention de *Cloſter-Seven*. Heureux s'ils euſſent pû ſe maintenir dans cette neutralité! Mais le Roi de Pruſſe gagna la bataille de Rosbach, & il ne voulut point permettre que ce pauvre peuple goûtât les douceurs de la paix. Ses raiſons prévalurent, & il fallut que l'armée d'obſervation prît de nouveau les armes. Quelque obſcurité miſtérieuſe qu'il puiſſe y avoir d'ailleurs dans cette affaire, au moins eſt-il ſûr, que les Hanovriens n'ont point montré tant d'averſion pour les François, puiſqu'outre la neutralité qu'ils ont ſignée de bon cœur, ils ont conſenti que l'armée Françoiſe reſtât dans leur païs.

Il eſt encore à propos de conſidérer, que l'Electorat, par ſes liaiſons avec la Pruſſe, étoit devenu déſagréable aux autres Princes de l'Empire. Ils n'avoient pû ſans indignation voir le Roi de Pruſſe incendier deux fois toute l'Allemagne, ravager ſes plus belles provinces, & ſacrifier à ſa paſſion le ſang de ſes propres ſujets & celui de tous les peuples Germaniques. Pluſieurs de ces Princes avoient terriblement ſouffert de ſon ambition, & il les tenoit tous dans le tremblement. Ils n'auroient point été trop fâchés, que les François euſſent commis dans cet Electorat les mêmes excès, auxquels le Roi de Pruſſe s'étoit porté dans la Saxe. * C'étoit à cette alliance de l'Electorat qu'ils attribuoient en partie les affreux malheurs dont gémiſſoit tout l'Empire.

Au ſurplus, il eſt probable que les François n'auroient pas voulu faire plus d'une campagne dans le païs d'Hanovre, ſi de notre côté nous euſſions pris la réſolution de n'y point rentrer, & ſi nous euſſions ôté à la Cour de France tout lieu d'eſpérer, d'attirer encore dans ce païs les forces de la Grande-Bretagne.

Pendant la guerre derniere nous vîmes l'armée Françoiſe traverſer toute l'Alle-

* La ville de Leipſick étoit alors dans le cas d'une eſpece d'exécution militaire. On avoit obligé ſes marchands à tirer des lettres de change ſur ſes correſpondans, ils étoient détenus, en attendant que l'on ſçût l'acceptation de leurs lettres.

magne, & passer dans les Etats de ses ennemis, comme dans ceux de ses amis. Assûrement on ne désire les François nulle part, mais cependant leur présence n'effraya point les Allemans au point, de leur faire donner millions sur millions pour s'en délivrer. Or si les Hanovriens n'étoient pas fachés de garder les François, quelle folie n'est-ce pas en nous de depenser chaque année quatre à cinq millions sterling pour les écarter de l'Electorat? Le François est un ennemi généreux. Il ne s'est exercé, ni de sa part, ni de la nôtre, aucune cruauté de gayeté de cœur sur les sujets respectifs. Le Landgraviat de Hesse est un des beaux païs de l'Allemagne Septentrionale. Cependant le Souverain de ce païs nous prête ses troupes pour la somme de 340000 liv. & il veut bien souffrir que les François entrent chaque année dans son païs, qu'ils occupent même sa capitale, tandis que ses troupes combattent ailleurs contre eux sous nos drapeaux. Mais nous-mêmes en Angleterre nous avons prouvé, qu'il nous importoit fort peu de voir les François entrer pour la troisieme fois dans le Landgraviat; car nous avons fait des réjouissances publiques pour l'action de Warbourg, dans laquelle les François perdirent tout au plus quinze cens hommes, & nous laisserent à peu près autant de prisonniers; nous avons même fait tirer les canons de la tour, comme si c'eût été la victoire la plus éclatante, quoique nous sçussions bien que par cette même action les François avoient pris possession de Cassel. Enfin deux Landgraves successivement ont exposé chaque année leur païs & leur propre résidence à tomber au pouvoir des François, & cela pour tirer de nous trois cens quarante mille livres sterling, en nous louant leurs troupes. C'est bien une preuve que le dégât, que leur païs souffre, ne peut pas excéder cette somme.

Hanovre, dira-t'on, *n'est attaqué que pour la cause de l'Angleterre, c'est donc à l'Angleterre à prendre sa défense.* Oh sûrement, c'est pour notre cause que l'Electorat est envahi. Et il seroit surprenant que cela ne fût pas. Il n'est pas possible, que ce païs donne jamais à la France moins de sujet de mécontentement qu'il ne l'avoit fait avant la guerre actuelle. Les François ont-ils allégué qu'il ait pris quelque part dans la querelle des deux nations sur les limites des possessions respectives en Amérique? Qui eſt-ce qui peut donc douter que les François n'y ayent porté leurs armes, uniquement pour y attirer les nôtres, & parce qu'ils ſçavoient, que nous ne manquerions pas de vouloir le défendre?

Ce n'eſt point mon intention de déprecier la valeur de l'Electorat, ni de la rabaiſſer au-deſſous de celle des autres païs. Mais il n'y a point de païs en Allemagne qui ſoit aſſez riche, pour enflammer la cupidité d'un Royaume comme la France; jamais cette couronne n'enverra ſes troupes ſi loin, par le ſeul appât de l'avantage de les y faire vivre à diſcrétion, & de ne rien depenſer pour leur entretien. Je conçois qu'un Prince d'Allemagne pourra en uſer de la ſorte envers un autre Prince du Corps Germanique. Par exemple, lorſque la guerre ſera finie, il ne ſeroit point étonnant que l'Electeur de Saxe veuille aller s'établir dans l'Electorat de Hanovre & achever de l'épuiſer, par voie de repreſſailles, attendu qu'il a tout ſujet de penſer, que cet Electorat a conſidérablement contribué aux malheurs de la Saxe. Cet Electeur peut avoir, comme Allemand, des paſſions, des préjugés, des affections ou des haines, dont la ſource eſt prise dans sa position vis-à-vis des autres Etats de l'Empire. Enfin il peut attaquer tel ou tel membre du Corps Germanique, sans que le Corps entier ait sujet d'en prendre de l'ombrage. Mais il n'en est pas de même par rapport à un grand Prince, comme le Roi de France ; s'il envoye dans quelque partie de l'Allemagne une puissante armée, le païs ne pourra pas la nourrir; si cette armée est trop foible, elle sera battue & chassée; si elle est d'une force moyenne & raisonnable, c'est-à-dire, si elle est proportionnée à ce que le païs peut soutenir, & à l'étendue des possessions qu'il veut assujettir, il ne retirera d'autre fruit de son expédition, que tout au plus les frais qu'elle lui aura coûtés, & il ne restera rien pour son trésor.

Tout ce que les loix de la guerre permettent, se reduit à mettre les troupes en quartier dans le païs, & à en retirer les mêmes droits, qu'il payoit à son Souverain naturel. * Croit-on que le trésor

* Le Lecteur peut se rappeller que dans tout ce que l'on a vû sur l'administration des François dans l'Electorat, la piéce principale étoit un arrêt du Conseil, qui enjoignoit aux Receveurs du païs de rendre compte à un Mr. Faidy des revenus qu'il produisoit. Et si l'on se

royal de France en retirera un ſeul florin de plus, que les coffres du Roi à Londres? Peut-on préſumer que les peuples payaſſent les impôts avec plus de joye à leurs ennemis, qu'à leurs propres Princes, ou que le montant de ces droits ſoit remis à Paris à meilleur compte, par trente mille mains qui en auroient eu le maniement, qu'il ne l'étoit à l'Electeur en tems de paix, par les officiers de ſes finances? Enfin tant que nous ne ſçaurons pas clairement, combien le Roi d'Angleterre retire de cet Electorat, nous aurons très mauvaiſe grace de craindre qu'il n'enrichiſſe le Roi de France en tems de guerre.

La France ſe feroit bientôt rendu ſuſpecte & odieuſe à toute l'Allemagne, ſi elle laiſſoit voir le plus leger deſſein de le retenir. Pendant quelque tems le païs pourroit ſouffrir, à cauſe de la lenteur des Conſeils de l'Empire, mais il ſeroit impoſſible aux François, par la nature même des choſes, de s'y maintenir plus d'un

donne la peine d'obſerver que cet arrêt du Conſeil ne dit pas un mot, qui puiſſe faire imaginer qu'on ſongeât à augmenter les droits, on ſera forcé de conclurre, que les François en vouloient plus aux cœurs des peuples conquis qu'à leur bourſe.

quartier d'hyver. Concluons donc que jamais la France ne s'avisera d'y envoyer ses troupes, à moins qu'elle ne soit assûrée d'y trouver une armée Françoise à combattre. Ainsi nous pouvons être certains que les François iront toûjours nous y chercher. C'est la guerre la plus avantageuse qu'ils puissent faire: c'est la plus ruineuse pour nous. Or les François mésureroient-ils leurs armes avec les nôtres, si l'Allemagne ne leur ouvroit point un champ de bataille? Ils ne peuvent point envoyer assez de troupes aux Islés de l'Amérique, pour nous y attaquer, si plus réellement attentifs à nos intérêts, nous eussions ténté de les y attaquer eux-mêmes l'hyver dernier, il leur eût été impossible de s'y défendre, attendu que tous leurs ports en Europe sont bloqués. Il faut donc que les François restent chez eux dans l'inaction, ou que, pour ne point avoir vainement des armées si puissantes, ils les envoyent en Allemagne.

Que l'on considére d'un autre côté, que la France a été forcée d'abandonner son projet de descente dans la Grande-Bretagne, que ses Isles en Amérique sont absolument à découvert, & que leur conquête doit nous tenter par sa facilité. Je demande ensuite, en quelle partie du monde les François doivent souhaiter de fixer le théatre de la guerre, plûtôt qu'en Allemagne, où ils n'ont rien à perdre ni à ménager, & où doivent-ils plus désirer de nous attirer, que dans un païs, où nous ne pouvons obtenir sur eux aucun réel avantage?

On repondra peut-être *que la Grande-Bretagne n'a rien non plus à perdre en Allemagne.* Et moi à mon tour je prétends le contraire. Est-ce que nous n'avons pas Hanovre? Je vous cause de l'étonnement. Vous m'allez demander, *si cet Electorat est donc d'une si grande importance pour la Grande-Bretagne?* A cela je n'ai qu'une reponse à faire. Sans doute il nous est essentiel de le conserver, puisque nous le défendons. Et si cela n'étoit pas, que font nos troupes en Allemagne? Quoi, nous aurions sacrifié douze millions sterling, pour mettre à l'abri des insultes de la France un païs qui ne nous seroit pas d'une importance extrême, un païs, où rien n'invite les François à s'établir, dont ils ne peuvent réunir aucune partie à leur couronne? En vérité ce seroit en nous une conduite bien absurde.

Enfin il faudra donc que les innocens Hanovriens soient foulés par les Fran-

çois, & que l'Angleterre ne fasse rien pour leur délivrance. Sans contredit, si nous avons une véritable compassion pour l'Electorat, autrement nous y attirerons toûjours les François. Et à quel état misérable ne reduirons-nous point à la fin ce pauvre païs, si nous contractons la malheureuse habitude de le choisir toûjours pour le théatre de nos guerres? De quels désastres les Hanovriens ne sont-ils point menacés, si, parce que nous les considérons comme d'autres nous-mêmes, tous nos ennemis regardent leur païs comme notre côté le plus foible, si on fait tomber sur eux les coups qu'on voudra nous porter ou nous rendre, s'ils payent pour l'Angleterre dans toutes les querelles qu'elle se fera avec les Puissances du continent?

Quelqu'un dira peut-être: *N'importe par qui l'Electorat soit attaqué dès que ce sera pour notre compte, nous nous chargerons de le défendre.* Mais qui est-ce qui nous empêche de prendre une pareille résolution? Il ne s'agit seulement que de sçavoir si nous sommes en état de la soûtenir, & malheureusement les évé-nemens de la guerre actuelle ont fait assez voir le contraire. Qu'on me dise d'abord, comment la guerre a commencé? Lorſque la ſcène s'ouvrit en Allemagne, nous avions l'Imperatrice-Reine pour alliée. Le Roi de Pruſſe, excité par la France, menaçoit d'envahir l'Electorat. Nous cherchames vainement de l'appui dans toute l'Europe. Il ſe trouva enfin dans le fond du Nord une Puiſſance qui convint de donner de l'occupation au Roi de Pruſſe dans ſes Etats, en y envoyant une armée de cinquante mille hommes, moyennant un ſubſide annuel de cinquante mille livres ſterling. Par la ſuite nous apperçumes que cette précaution n'auroit pas l'effet déſiré. Nous fumes contraints de renonçer à ce traité avec la Ruſſie, & d'abandonner nos anciens alliés, pour acheter de notre ennemi même la ſecurité, que tous les ſecours étrangers ne pouvoient nous procurer. Nous nous trouvames bientôt dans la dépendance entiere de cet unique allié, & par dégrés il a ſçu ſi bien profiter de l'aſcendant qu'il avoit acquis ſur nous, qu'à la fin nous ſommes reduits à être les tributaires, tout au moins en apparence, & de qui? d'un Roi de Pruſſe.

On ne fera jamais avouer à la fierté Angloiſe, que l'argent qu'elle donne au

Roi de Prusse, est un tribut. On ne le paye, dira-t'on, qu'à tître de subside.

Examinons la nature de l'un & de l'autre. Un subside est une pension honorable, accordé en considération des services reçus ou espérés. Les cinq cens mille liv. sterling que nous devions payer à la Russie, eussent été par exemple un vrai subside, parce que de son côté elle nous prêtoit une armée de cinquante cinq mille hommes. Les sommes que nous donnons au Landgrave de Hesse, sont proprement un subside, parce que ce Landgrave nous prête ses troupes, & que son païs, comme voisin de celui de Hanovre, partage les mêmes dangers. Mais qu'est-ce que le Roi de Prusse a fait pour l'argent qu'il reçoit de nous? Lui aurons-nous obligation d'être entré en ennemi dans un Etat Protestant, & de l'avoir ravagé? A-t'il compté par-là nous rendre un service? Est-ce en reconnoissance de cette action que l'Angleterre lui paye un subside? Le sang de cent mille Protestans de l'Empire retombera-t'il sur notre nation, comme ayant été sacrifié à ses intérêts? Est-ce parce qu'il a le premier attaqué l'Imperatrice-Reine? peut-être injustement; mais cela c'est son affaire, l'essentiel pour nous eſt de ſçavoir s'il l'a fait pour notre avantage. Et il a été déja ſuffiſamment prouvé, que rien n'étoit moins poſſible.

Mais l'Imperatrice-Reine a refuſé de défendre l'Electorat. Cela eſt vrai, & elle s'en eſt excuſée ſur le danger qu'elle-même avoit à craindre. Le Roi de Pruſſe a donc augmenté ce danger, & plus il l'a menacée, plus il a ſerré les liens de ſon union avec notre ennemi. Il avoit déja été cauſe qu'elle s'étoit laiſſée perſuader par les François de remettre Oſtende & Newport entre leurs mains. Peut-être bien ſera-t'elle encore forcée de ceder aux Ruſſes une partie de leurs conquêtes, qui leur donne le droit de ſéance & de voix à la Diéte, au grand danger de la tranquillité de cet auguſte corps. Sont-ce là des conſidérations capables d'engager la Grande-Bretagne à lui donner un pareil ſubſide? Une ſeule fois il a été aux priſes avec les François à Roſbach, mais il fit voir que c'étoit plûtôt contre ſes propres ennemis qu'il comptoit ſe battre, que contre les nôtres. Les François voulant, à cauſe de leur allié, ſauver les apparences, ſe détournerent exprès pour l'aller attaquer. Sans cela, il n'eût jamais fait voir la moindre volonté de ſe détourner

de

de ſon objet pour ſervir notre cauſe. Envoye-t'il de ſes troupes à nos armées? Il y avoit deux de ſes Regimens de Cavalerie à l'affaire de Crevelt; mais ils refuſerent de charger les François, & par-là ils nous firent manquer la plus belle occaſion, qui ſe ſoit jamais offerte, de détruire toute l'armée ennemie. Au reſte quand ces deux Regimens Pruſſiens auroient fait leur devoir, quelques Regimens Pruſſiens équivalent-ils à ſix-cens ſoixante & dix mille livres ſterling? Sous la Reine Anne le ſuſide d'un Roi de Pruſſe étoit de cinquante mille livres ſterling, & ſes troupes alloient chercher les François juſques dans la Savoye. Reflechiſſons bien ſur les trois derniers traités conclus avec lui, nous verrons, qu'il n'eſt obligé à nous rendre aucune eſpèce de ſervice. Il y a quelques expreſſions générales, ſur une cauſe commune, ſans que rien l'aſtreigne à les interpreter autrement que ſuivant ſa convenance. Mais qu'entend-on par cauſe commune entre deux parties qui n'ont point d'ennemi commun? En effet nous ne ſommes point en guerre avec la Maiſon d'Autriche, & de ſon côté il lui eſt impoſſible de dire qu'il ſoit en guerre avec la France. Deplus le traité ne ſpecifie point les secours qu'il sera obligé de nous donner, & cependant les sommes, que l'Angleterre lui paye, excédent la totalité des subsides que recevoient tous nos alliés Allemans ensemble dans la guerre de la Reine Anne. Nous lui donnons notre argent par la puissante raison, qu'il en a besoin & qu'il le veut: & c'est en un seul payement, l'instant d'après la ratification. Quant à l'usage qu'il veut en faire, c'est de lever des troupes, d'augmenter ses forces, de se battre pour son compte, jamais pour le nôtre,* & de se rendre, par ses victoires, assez formidable, pour que dans la suite nous n'osions plus le refuser. S'il est quelqu'un de ces traités, où il garantisse l'Electorat, sa conduite a suffisamment fait voir, qu'il n'entend s'être engagé à autre chose, qu'à ne point l'attaquer lui-même. Car après le premier traité il songeoit si peu qu'il dût employer une armée à écarter les François de l'Electorat, que, pour leur en laisser l'entrée libre, il retira ses troupes de Wesel. Or si l'argent donné par l'Angleterre au Roi de Prusse paroit

* On verra ce Traité dans l'appendix. Il est d'autant plus remarquable que l'histoire d'Angleterre n'en contient point de la même espèce depuis le tems du Roi Jean.

être plûtôt destiné à le contenir qu'à l'employer; si c'est une considération, par laquelle nous achetons l'assûrance qu'il ne nous fera point de mal: convenons donc que ce n'est point un subside, mais que c'est un tribut des plus caractérisés.

Mais le Roi de Prusse est un grand Prince. Il n'y a point de déshonneur à lui payer quatorze fois le prix qui fut convenu pour le rachât de Rome. Eh bien, vous ne ferez pas encore cesser les malheurs de l'Electorat, vous vous attachez à un faux plan pour le défendre. Observez donc, que vous avez appris à toute l'Europe, que l'Electorat est votre côté foible, & qu'à présent le plus petit Prince d'Allemagne ne craindra pas de vous y faire des insultes, pour tirer de vous des tributs, & que tous y réussiront quand il leur plaira; car il n'y en a pas un, contre qui vous soyez en état de le défendre.

Il viendra un tems, où la nation épuisée par la guerre d'Allemagne & menacée peut-être par ce même Prince qu'elle soûtient aujourd'hui, pourra se voir forcée de sacrifier ses propres conquêtes, pour lui acheter la paix. Alors tous les membres du ministere désavoueront à l'envi cet attachement excessif pour l'Allemagne,

& chacun en particulier dira, qu'il a toûjours été d'un sentiment contraire. Que ceux qui veulent s'assûrer, que le public les croira, commencent donc par changer dès aujourd'hui de façon de penser; que chacun d'eux déclare hautement qu'il est résolu à servir l'Etat & à défendre l'Allemagne, mais par des moyens praticables, c'est-à-dire, en attaquant les François dans leurs Isles; c'est-là qu'ils sont réellement formidables pour la Grande-Bretagne. Des conquètes de cette nature nous assûreront d'une ample indemnité pour les païs d'Allemagne, auxquels nous devons prendre quelque intérêt. Qu'ils fassent cesser du côté de l'Allemagne une guerre qui ne peut nous ètre que ruineuse; qu'ils sauvent l'Etat, & qu'ils se mettent à l'abri du reproche de s'être concilié l'estime du public par des protestations formelles que leur conduite a démenties dans la suite, d'avoir usurpé par ce honteux moyen la confiance des peuples, & de s'ètre fait élever jusqu'à un dégré de grandeur, où personne n'eût osé porter son ambition. Je le repete, il est tems qu'ils songent à leurs plus réels intérêts & à ceux du public. Mais s'ils continuent à épuiser à l'envi les ressources de l'Etat, dans le dépit où seront les peuples de se voir frustrer de leurs plus estimables conquêtes, ils leur retireront leur estime, & ils reconnoîtront qu'ils la méritoient aussi peu les uns que les autres.

J'ai déja fait voir qu'il seroit très possible que l'Electeur de Saxe cherchât un jour à s'indemniser sur un autre Electorat, de tous les maux que ses sujets ont soufferts, & dont il a tout lieu de croire que Hanovre a été la cause. Mais il pourroit bien arriver aussi que la Grande-Bretagne n'eût pas toûjours l'honneur de se mésurer avec une tête couronnée. Par exemple, est-ce que le Duc de Wirtemberg, qui a déja changé de Religion, peut-être bien dans la vue de faire créer pour lui un dixieme Electorat, ne pourroit pas se laisser persuader par la Cour de Vienne d'attaquer le païs de Hanovre? Or je demande, s'il seroit possible à la Grande-Bretagne de le défendre contre ce Prince? On me repondra que les troupes Hanovriennes suffiront de reste contre celles de Wirtemberg: soit; mais n'avons-nous pas vû déja une armée Françoise entrer en Allemagne sous le nom de troupes du cercle de Bourgogne? Je veux bien encore, que la paix soit faite, est-ce qu'il ne se trouvera pas toûjours assez de soldats de fortune, que les promesses de la Cour de Vienne & l'argent de la France attireront au service de ce Duc? Pour rendre plus complet l'embarras, où nous jetteroit un pareil évènement, le Roi de Prusse s'aviseroit peut-être encore de vouloir tenir la balance entre les deux Maisons rivales de Brunswick & de Wirtemberg. Enfin il ne seroit point du tout surprenant que, pour avoir voulu entreprendre au-delà de ses forces, la Grande-Bretagne ne procurat l'honneur de triompher d'elle à un petit Prince, avec qui elle ne peut qu'être humiliée d'avoir des contestations. Voilà ce que nous aurions gagné par un acte très mal entendu de devoir ou de générosité envers l'Electorat de Hanovre, qui assûrement n'aura pas lieu de nous en remercier.

Mais, repliquera-t'on, *les deux Chambres du Parlement ont promis de défendre l'Electorat.* Ont-elles été assez indiscretes pour faire une pareille promesse? Eh bien, qu'elles apprennent aujourd'hui que l'execution en est impossible. Elles sont très blamables d'avoir pris un pareil engagement; elles le feroient encore plus de le tenir, parce que l'impossibilité est plus forte que tout. Je n'ai que cette reponſe à faire, & je la crois tres ſuffiſante. Il ſe trouvera ſans doute des gens, qui, après avoir voulu ſe rendre néceſſaires, en engageant la nation dans une énorme dépenſe pour la guerre d'Allemagne, croiront ſe juſtifier auprès des peuples, en alléguant qu'ils ne l'ont fait que pour remplir les ordres qu'ils ont reçus, & qui ont réſulté des plus mûres délibérations. C'eſt ainſi que les tréſors de la Grande-Bretagne ſont prodigués par millions à la fois, & que l'on fait plus de dépenſes pour cette ſeule guerre d'Allemagne, que n'en occaſionnoit dans les campagnes de Marlborough une guerre de terre & de mer; & quand il s'agit de chercher à rentrer dans la bonne route, on perd le tems en querelles & à ſe diſculper ſur les autres. Si l'on convient que tout le paſſé eſt mal, tirons un voile ſur le paſſé, & ne ſongeons qu'à mieux faire à l'avenir.

Mais la foi publique eſt quelque choſe de bien reſpectable. Un engagement pris par un Etat doit être religieuſement obſervé. D'accord, un engagement que le Parlement contracte avec le Public en conſidération d'une ſomme que ce même Public lui avance, doit être, par exemple, un engagement sacré. Mais, de bonne foi, est-ce qu'une adresse au Roi présentée par l'une ou l'autre des deux Chambres, & qui au fond n'est qu'une affaire de pur compliment, porte le caractere d'une obligation complette ? Dira-t'on que les adresses des Chambres ont la force d'un acte du Parlement ? Les résolutions d'une Chambre des Communes considérées par l'obligation qu'elles font contracter à cette même Chambre (car une autre lui succédant n'en seroit point tenue) ne sont autre chose qu'une simple déclaration des intentions des particuliers qui la composent. Si l'expérience ou le tems leur apprend, que la chose, qu'ils ont resolu de faire, est impossible ou impraticable, qu'elle trouve plus de difficultés, qu'elle est plus dispendieuse qu'ils ne l'avoient imaginé, alors, comme ils sont mieux informés ; ils peuvent changer de résolution, sans qu'on puisse les accuser d'avoir faussé leur parole ou de varier dans leurs sentimens. Tout politique doit sçavoir, que c'est-là ce qu'on appelle une obligation imparfaite, c'est-à-dire, une promesse faite sans espérance d'un retour proportionné ; & personne ne peut ignorer qu'il n'y a rien de plus instable que les résolutions d'une Chambre des Communes.

Lorſqu'elle commença la guerre derniere, elle forma une réſolution, préciſement comme dans la guerre préſente. Ce fut de ne point faire la paix, que les Eſpagnols n'eûſſent renoncé au droit de viſite auquel ils prétendoient, & par la ſuite on ne ſongea plus à cette réſolution. Je pourrois ajoûter, que la politique d'Allemagne nous tourna tout-à-fait la tête, & qu'aulieu de faire des conquêtes pour notre compte, nous oubliames & la France & l'Eſpagne, pour diſſiper nos tréſors ſur le continent, ſans autre objet que d'empêcher le Roi de Pruſſe d'acquerir une Province, que nous nous obſtinons aujourd'hui à lui procurer, en dépenſant encore bien plus de millions que nous ne fimes alors.

Si quelqu'un objectoit que ce n'eſt pas une ſimple promeſſe qui a été faite à l'Electorat, mais que c'eſt une obligation parfaite que l'on a contractée avec lui. Je commence par repondre que le Parlement n'a jamais promis de défendre l'Electorat. Voici les termes de l'adreſſe : *Nous croyons que la juſtice & la reconnoiſſance exigent de nous de prêter notre ſecours à Votre Majeſté contre toutes attaques & inſultes, auxquelles pourroient être expoſés ſes Etats, quoiqu'ils n'appartien-*

nent point à la Couronne Britannique, & qui seroient occasionnées par le ressentiment de la part que Votre Majesté a prise à une cause, qui touche si immédiatement & si essentiellement les intérêts de ce Royaume. Déclarer que l'on seroit obligé par un devoir de justice & de reconnoissance à prêter des secours au Roi pour la défense des Etats particuliers de Sa Majesté, ce n'est pas prendre sur soi la défense totale & absolue de ces Etats: il y a même bien de la différence. La promesse d'assister quelqu'un, implique une supposition d'efforts que fera ce quelqu'un pour se défendre aussi de son côté. Autrement ce n'est point lui prêter des secours, c'est faire tout pour lui. Or je demande, si le Parlement a manqué à sa parole? N'a-t'il pas fait, au contraire, beaucoup plus qu'il n'avoit promis? N'a-t'il pas pris à sa paye toutes les troupes Electorales qui sont actuellement en campagne, & loin de manquer d'assister Hanovre, ne s'est-il pas chargé de toute sa dépense? Les traités formels d'alliance & de mutuelle assistance, que contractent ensemble des nations libres, n'obligent point les parties contractantes à donner plus de secours, que ne specifie expressement le traité. Dans celui, par exemple, qui avoit donné lieu à l'adresse, dont il est question, je veux dire le traité avec la Russie, la quantité de troupes que devoit nous fournir l'Imperatrice, & le subside, que nous devions lui payer, étoient bien clairement & bien expressément specifiés. Mais dans le cas même de l'alliance la plus complette, où deux Etats conviennent expressément de s'assister l'un l'autre *Totis viribus*, comme cela est convenu entre les Hollandois & nous, cet engagement n'impose point l'obligation de se ruiner l'un pour les intérêts de l'autre. *Succurram perituro, sed ut ipse non paream.* C'est le sentiment de Seneque adopté par Grotius. *Defendi debent socii, sive in tutelam sese & fidem aliorum dederunt, sive mutua auxilia pacti sunt, illud vero addamus, ne tunc quidem teneri socium, si nulla spes sit boni exitus: boni enim, non mali causa societas contrahitur.* *

Nous croyons être obligés par un devoir de justice & de reconnoissance à prêter notre secours à S. M. contre toutes les insultes & attaques &c. Mais peut-on imaginer que cette obligation soit aussi

* Puffendorff & Grotius Livre 2, Chap. 25.

parfaite, que si elle étoit contractée par une alliance entre deux nations, & dans la vue de quelque avantage réel. Ici la partie obligée ne pourroit être que le peuple d'Angleterre, & l'on sçait qu'il n'y a que les actes du Parlement, qui puissent donner l'essence à ses engagemens. Quant à la Chambre des Communes, ce n'est de sa part qu'une simple déclaration de ses sentimens, & rien ne sçauroit l'empêcher d'en changer, quand elle croit le devoir. La raison de cela, c'est que la partie en faveur de laquelle est faite la promesse, n'étant astreinte à lui faire aucun avantage en faveur de cette même promesse, n'a point le droit d'en exiger l'exécution. On prétendra peut-être que ce qui avoit été fait précédemment, étoit le prix, en considération duquel cet engagement étoit contracté. Mais qui est-ce qui peut se dissimuler qu'une faveur faite volontairement ne peut pas être regardée comme le prix d'un contrât qui n'a point encore d'existence? Tout le droit que donne un service que l'on a rendu, ou un plaisir que l'on a fait, se borne à la reconnoissance de celui qu'on a obligé. Et un devoir, qui n'est que de simple reconnoissance, n'interdit point la faculté de juger de la nature & de l'étendue de ce que l'on doit faire pour s'en acquiter.

On a dit, que ce ſeroit en prêtant du ſecours au Roi, dans le cas, où ſon Electorat ſeroit attaqué, que l'on reconnoîtroit les ſervices reçus de lui. Mais je réponds à cela, que, ſi l'obligation provient de la déclaration du Parlement, la promeſſe ſe renferme dans ce que l'on avoit en vue lorſqu'on l'a faite. Or il n'y a perſonne, qui ne ſe ſouvienne que dans le tems, où l'adreſſe en queſtion a été redigée, & même encore au moins une année après, tous les partis convenoient, & que même ils ont donné des aſſûrances réitérées, qu'il ne ſeroit pas envoyé un ſeul homme en Allemagne. Il fut mis en doute même, ſi nous y enverrions de l'argent à titre de ſubſides, pour prendre à notre ſolde des troupes étrangeres. Mais il fut expreſſement déclaré, & d'une voix unanime, qu'on ne jugeoit point expédient de faire ſortir un ſeul homme du Royaume.

Qui auroit imaginé alors, & même dans les ſéances ſuivantes, que l'Angleterre fût dans l'obligation de faire paſſer en Allemagne, & de confier à un Général * Etran-

* La Nation s'étant décidée à confier un corps

ger beaucoup plus de troupes Britanniques que jamais Marlborough n'en a eu à ses ordres, ou que n'en a emmenées avec lui un Roi, à qui nous devons notre délivrance, seulement pour aller dans les Païs-Bas?

Enfin on fera sonner le grand terme de *foi publique* aussi haut que l'on voudra; mais chacun sçait ce que l'on doit entendre par une résolution de la Chambre des Communes. Elle a cru qu'une déclaration de cette espèce pourroit servir à détourner le Roi de Prusse des idées, qu'il auroit pû avoir sur l'Electorat; elle a donc bien fait de s'expliquer de la sorte. Elle a fait ce qu'elle devoit, en informant toute l'Europe de la bonne harmonie qui regnoit entre S. M. & ses sujets. Mais jusqu'alors personne n'avoit imaginé, que cette résolution signifiât autre chose que

si considérable de ses troupes à un Général étranger, il n'est pas possible que ce Général soit trop capable. Il auroit été à souhaiter qu'il eût été Anglois, parce que nous aurions pû avec plus de raison tirer gloire de son mérite & de ses talens. Aulieu que dans notre systême actuel d'épouser les querelles des Princes Allemans, il peut très bien arriver, que ce Général employe ses talens contre nous dans la premiere guerre.

l'intention de prêter au Roi des ſecours raiſonnables, & quand cela ſeroit praticable. Cela ſousentendoit, que ſi la maniere, dont nous ferions enſorte de le ſecourir, ſe trouvoit trop onéreuſe, nous eſſayerions d'une autre. *Nec ſervanda promiſſa quæ ſint iis, quibus promiſeris inutilia, nec ſi plus tibi noceant, quam illi proſint, cui promiſeris.* *

Je crois que tous nouveaux efforts pour perſuader mes Lecteurs ſeroient ſuperflus, ainſi je ne ferai point uſage d'une autre raiſon qui détruit toute idée d'obligation & de promeſſe. C'eſt la double révolution qui s'eſt faite dans les parties depuis cette déclaration. Je veux que ç'ait été une promeſſe, toûjours avoit-elle pour objet de défendre l'Electorat contre le Roi de Pruſſe & contre les François, le reſte de l'Empire étant dans notre parti, & de prendre dans cette vuë à notre ſolde un corps de Heſſois & cinquante mille Ruſſes. Si après cela on ne veut point de l'eſpèce de ſecours, que nous avons offerte; ſi l'on fait un autre arrangement avec le Roi de Pruſſe; ſi ce Prince non ſeulement ne promet point d'employer un ſeul de

* Cicero *de Officiis.*

ses soldats à notre service; mais s'il travaille encore à brouiller l'Electorat avec l'Empire, je demande, si dans ce nouvel état des choses on peut exiger de nous l'exécution de nos engagemens? Parce que nous serons convenus de payer les Russes pour combattre les Prussiens, sera-t'il dit, que nous soyons obligés de payer les Prussiens, pour se battre contre les Russes?

Cela n'empêche point la Nation Britannique d'être fidele à sa promesse. Malgré la défection des Russes elle se chargea de payer toutes les troupes Hanovriennes, qui combattoient pour la défense de leur propre païs, & même encore des troupes de Hesse. Les choses en étoient à ce point, lorsque la Chancellerie de Hanovre fit un second changement total dans l'Etat des parties, en convenant avec les François qu'ils résteroient en possession de l'Electorat. Par ce trait ils renoncerent à toutes leurs liaisons avec la Grande-Bretagne, quoique leurs troupes fussent pendant ce tems-là même à sa solde. On prétendit, que cette neutralité avoit été conclue sans la participation du gouvernement Britannique, au moins est-il certain que le Parlement n'en avoit point eu connoissance,

&

& que les conséquences de cet événement ne pouvoient l'astreindre à rien, puisqu'il n'y avoit eu aucune part. Ainsi l'Etat des parties ayant éprouvé deux fois différentes un changement total, par rapport à ce qu'il étoit, lorsque l'adresse en question fut arrêtée par la Chambre, il est incontestable que l'obligation contractée par cette adresse ne pouvoit plus subsister. *Tum fidem fallam, tum inconstantiæ crimen audiam, si cum omnia eadem sint, quæ erant promittente me, non præstitero promissum, alioquin, quicquid mutatur, libertatem facit de integro consulendi & me fide liberat.* *

Mes Lecteurs voudront bien m'excuser d'avoir tant insisté sur cet article. Comme je soûtiens une thèse qui a contr'elle le préjugé vulgaire, il est essentiel que je ne laisse pas sans reponse une seule objection plausible. Je reprends mon sujet & je ne sors plus de l'Allemagne.

J'ai prouvé que l'Angleterre n'auroit point dû transporter en Allemagne sa guerre avec la France, & que par-là elle a beaucoup moins nui à la France qu'à l'Allemagne même; je vais faire voir que

* Sen. *de Benef.* L. IV. c. 35.

c'eſt une maniere de faire la guerre à la France, qui non ſeulement eſt ruineuſe pour l'Angleterre, mais très impraticable. J'examinerai en même tems, s'il n'y a point quelque autre moyen, par lequel les Anglois puiſſent conſerver la ſupériorité qu'ils ont ſur la France, & la transmettre à leur poſtérité.

Premierement c'eſt une guerre dans laquelle la Grande Bretagne ſe trouve ſeule vis-à-vis de la France, & les forces de terre de la France ſont aujourd'hui, comme elles étoient il y a un ſiècle, très ſupérieures aux nôtres. Que l'on obſerve bien, que je ne parle point de nos forces navales, par rapport auxquelles on pourroit nous reprocher d'en parler trop & de n'en point faire aſſez d'uſage.

Toute l'Europe ne ſe plaint-elle pas depuis près d'un ſiècle du pouvoir exorbitant de la France? Si ces plaintes ſont juſtes, que peuvent-elles ſignifier, ſi ce n'eſt que la France eſt plus puiſſante que chaque Etat pris en particulier? Elle eſt plus forte que l'Allemagne, par exemple, & ſûrement auſſi plus que la Hollande. L'Angleterre lui accordera bien la ſupériorité, elle qui n'a jamais ſur pied autant de troupes que les Etats Généraux ou l'Empire. Peu de tems après l'avénement de Guillaume III. au trone de la Grande-Bretagne la France résista seule à l'Espagne, à l'Empire, à la Hollande & à l'Angleterre, qui avoient pour alliés le Dannemark & la Suéde. Elle soûtint cette guerre pendant plusieurs années sans laisser prendre la supériorité à ses ennemis, souvent même elle agit contr'eux offensivement. La France, unie à une partie de l'Espagne, soûtint encore au commencement de ce siècle une guerre contre l'Angleterre, la Hollande, l'Allemagne, le Dannemark, la Savoie & le Portugal. Elle termina cette guerre par un Traité, que toutes nos factions ont toûjours accusé de lui avoir donné trop de pouvoir. Je ne crois point que les Ministres de George I. & de George II. nous ayent assez ensorcelés, pour que nous leur accordions la gloire d'avoir fait pancher de notre côté la balance, & d'avoir diminué les forces des François. Dans la guerre derniere la France démantela toutes les villes de la Barriere, elle éleva dans l'Empire une nouvelle puissance pour balancer le pouvoir de celle qui y avoit toûjours dominé. Or comment supposer que la France, qui dans deux précédentes guerres a toûjours été en état de braver toute l'Europe, ait pû être tout à coup réduite assez bas au commencement de la guerre présente, pour être inférieure par ses forces de terre à l'Angleterre seule, & cela sans qu'on puisse dire qu'elle ait souffert aucune perte bien considérable, tandis que la bataille d'Hochstett, où elle perdit quarante mille hommes de ses meilleures troupes, ne put pas l'empêcher de continuer la guerre encore pendant sept ans, & qu'elle la soûtint encore cinq ans après la bataille de Ramillies, où elle eut vingt mille hommes pris ou tués ?

Mais, dira-t'on, *comment peut-on prétendre que l'Angleterre est seule vis-à-vis de la France ? Est-ce que nous n'avons pas un allié formidable dans le Magnanime Roi de Prusse ?* Cela dit-il que le Roi de Prusse soit notre allié contre la France ? non, sans doute ; car il ne lui a jamais déclaré la guerre. C'est un allié de très bonne volonté contre la Maison d'Autriche ; mais ce qu'il s'agit de considérer actuellement, ce sont les forces de l'Angleterre vis-à-vis de celles de la France. Croit-on que nous en soyons plus forts pour avoir adopté la querelle d'un autre Prince contre la Maison d'Autriche ? Au surplus il n'est pas suffisant que nous soyons persuadés qu'il est notre allié contre la France; mais il faudroit pouvoir trouver dans la Convention du 11. Avril & dans le Traité qui l'a suivi des preuves, qui pûssent le convaincre lui-même à cet égard. Peut-être nous diroit-il, que quoiqu'il soit parlé occasionnellement de la France dans le préambule, il n'en est pas fait mention une seule fois dans les articles, & qu'il n'y a rien qui soit relatif à la guerre particuliere des Anglois avec cette Puissance.

Il pourroit ajoûter, que par l'intérêt commun il entend seulement celui des deux Maisons de Brandebourg & de Brunswik contre la Maison d'Autriche, & que la Convention qu'il a faite avec la Grande-Bretagne ne se rapporte en rien à une guerre avec la France. Il le prouveroit par les termes mêmes de cette Convention, puisqu'elle porte, que les deux partis ne feront aucun traité de paix, de trêve ou de neutralité, sans s'y comprendre mutuellement. En effèt il est bien clair par-là, que le Traité ne se rapporte qu'à la guerre d'Allemagne, puisque ce Prince doit peu s'embarrasser d'un traité de paix ou de trêve avec la France, qui n'est point en guerre avec lui. Je ne prétends point que ce raisonnement fût juste de la part du Roi de Prusse; mais supposons pour un moment qu'il s'avise de le faire, l'Angleterre restera seule contre la France, comme elle y seroit restée, si elle n'eût point eu d'alliance avec le Roi de Prusse contre la Maison d'Autriche.

Cependant, poursuivra-t'on, *c'est notre allié.* Oui, répliquerai-je, en conséquence d'un Traité, où il est stipulé que nous lui fournirons de l'argent, parce qu'il lui en faut, & qu'il ne cessera jamais d'en avoir besoin; d'un Traité, où il n'est possible de trouver aucune clause qui l'oblige à nous fournir de l'argent ou des troupes, quelque besoin que nous puissions en avoir.

Rien de plus ordinaire que d'entendre condamner l'Angleterre à l'occasion des guerres de deux grandes alliances, parceque c'étoient des guerres ruineuses, & que c'étoit elle qui en soûtenoit tout le poids. Cependant tous les subsides payés aux Princes d'Allemagne par le Roi Guillaume, dans le tems, où ils mettoient deux cens mille hommes en campagne contre la France, ne se montoient pas à la moitié du subside que nous payons aujourd'hui au *Roi* de Pruſſe ſeul, & il a refuſé, ou bien il ne lui a pas été poſſible de laiſſer dans Weſel, dans une de ſes plus fortes places, une garniſon, qui auroit pû y être très utile à nos intérêts. Sous la Reine Anne, avec un ſubſide de cinquante mille livres ſterling, non ſeulement nous faiſions marcher huit mille Pruſſiens juſqu'en Savoie, pour y combattre les François; mais nous en avions encore douze mille en Flandre à notre ſolde. Aujourd'hui nous lui comptons un ſubſide de ſix cens ſoixante & dix mille livres ſterling, en conſidération duquel il nous fait la grace de nous appeller ſes alliés, & veut bien permettre que nous nous battions contre les François. Ainſi pour le ſeul honneur de cette alliance nous lui donnons les moyens de combattre pour ſon propre compte un ennemi, avec qui nous n'avons aucun différend, nous mettons les autres Princes d'Allemagne dans la néceſſité de s'unir étroitement avec la France, & nous encourons l'indignation de toute l'Europe. Si ce ſont-là des avantages, qu'on me diſe ſi l'on croit que nous nons en trouvions plus forts?

Mais eſt-ce que le Roi de Pruſſe n'eſt pas un homme plein de genie & de talent?

Assûrement, & rien le prouve-t'il mieux que l'adresse avec laquelle il sçait nous tirer un subside annuel de six cens soixante & dix mille livres sterling, qu'il ne paye par aucun service.

C'est bien sous ce point de vuë-là qu'il est le plus grand Prince avec qui se soit jamais alliée la Grande-Bretagne. Cependant malgré toutes ces sommes immenses, malgré tous ses rares talens, il a bien de la peine à ne pas succomber: nous en jugeons ainsi nous-mêmes, & cela ne nous empêche point de l'appeller notre allié, & de vouloir nous persuader, que nous ne sommes appuyés que par lui. Tous les jours on nous entend avouer, qu'il y a du miracle dans la maniere dont il se soûtient, qu'on doit être émerveillé à chaque instant qu'il ne succombe point, & en même tems nous convenons que nous avons fondé sur lui nos seules espérances. Nous paroissons satisfaits & flattés lorsque nous comptons le nombre des ennemis qu'il a sur les bras, & nous ne considérons point, que nous obligeons tous ces ennemis à dévenir les nôtres, en lui prêtant notre appui contre eux. Aulieu d'ouvrir des yeux d'étonnement sur les sommes prodigieuses que son alliance nous coûte, nous l'en jugeons d'autant plus importante & essentielle à nos intérêts. Nous voulons que ce Prince soit le meilleur allié qu'ait jamais eu la Grande-Bretagne, parce qu'il n'y en a jamais eu, qu'elle ait payé aussi cher. Le Baron Bothman, dans les guerres de la Reine Anne, étoit pour nous un allié précieux, car il nous prêtoit, au prix ordinaire, un Regiment de Dragons. On en peut dire autant du Prince de Buckebourg dans la guerre présente. Il ne nous attire point d'ennemis, & pour l'argent que nous lui donnons il nous fournit une Brigade d'Artillerie. Pour notre magnanime allié, il nous fait naître de nouveaux ennemis, aulieu de nous faire trouver dans son alliance de nouvelles forces. Au moindre succès que nous avons, il fait enforte d'affoiblir nos armées aulieu de les fortifier: enfin il n'y a point d'année, qu'il ne reçoive de nous en bonnes espèces six cens soixante & dix mille liv. sterling pour ne nous rendre aucun service.

Mais lorsque nous l'aurons mis en état de vaincre ses ennemis, il nous aidera à triompher des nôtres. La Couronne & le Parlement Britannique ne peuvent rien faire que sur les règles de la plus exacte justice: mais des Princes despotiques, qui n'ont d'autre loi que leur volonté, ne se laissent pas toûjours guider par les principes de la reconnoissance: on les a vû plus d'une fois chercher des instrumens propres à l'exécution de leurs desseins, qu'ils pûssent appeller alliés, qu'ils pûssent engager à travailler pour leurs intérêts, sauf à les laisser démêler leurs propres affaires, lorsqu'ils auroient tiré d'eux tous les services qu'ils auroient pû rendre. Les avantages qu'ils désirent, leur importent toûjours plus que les plaisirs qu'on leur a faits. S'il imagine que nos appréhensions pour l'Electorat sont la meilleure sûreté qu'il puisse avoir pour la continuation de son subside, il se gardera bien de rien faire qui puisse les détruire. D'un autre côté il seroit peut-être moins facile à la Grande-Bretagne de réduire les ennemis de ce Prince, que de triompher des siens propres, pourvû qu'il ne fût pas de leur nombre, & si malheureusement il en étoit, quels regrets n'aurions-nous point, d'avoir contribué à son agrandissement?

Vous ignorez peut-être, m'objectera quelqu'un, *que le Roi de Prusse est un très grand Prince?* Eh, comment l'ignorerois-je! je ne vois pas un seul de nos papiers publics, où il ne ſoit ainſi qualifié. Que la vraie marque de la grandeur d'un Prince conſiſte à rendre ſes peuples heureux, ou à écraſer ceux des autres Etats, c'eſt une queſtion que rien ne nous engage à réſoudre. Examinons plûtôt à quoi doit naturellement aboutir ce renouvellement de ſes prétenſions ſur la Sileſie? Peut-être par ſes talens ſupérieurs & par l'appui que lui prèteront tantôt l'Angleterre, tantôt la France, trouvera-t'il le moyen de la garder. Mais il eſt certain auſſi que l'Autriche ſaiſira avec avidité toutes les occaſions de la réprendre, & que ce ſera une ſource intariſſable de querelles entre ces deux Maiſons. Or eſt-il poſſible qu'un Prince, qui a lui-même un beſoin ſi grand de ſecours, & qu'un puiſſant ennemi menace perpétuellement, ſoit un allié utile à la Grande-Bretagne, & lui prète une aſſiſtance efficace? Pour que l'alliance de l'une de ces deux Puiſſances nous ſoit réellement utile, il faudroit qu'elles n'euſſent plus rien à craindre l'une de la part de l'autre, & c'eſt ce que l'eſpèce de leurs querelles ne permet pas d'eſpérer. Quand notre allié actuel batteroit les armées de ſa rivale, quand il forceroit l'Imperatrice-Reine à traiter, il ne pourroit jamais en résulter que la confiance se rétablît entre eux, même au plus petit dégré. La Silesie, par sa nature, est un objet si important pour la Maison d'Autriche, si nécessaire pour assûrer la défense des autres païs, qu'elle posséde dans le voisinage du Turc, qu'il lui est impossible d'abandonner jamais sincérement ses prétensions sur cette Province. Ainsi toutes les conventions, que ces deux Puissances feront ensemble pour cet objet, ne seront que des suspensions d'armes. Il ne faut pas compter qu'il puisse jamais y avoir de bonne foi dans leurs traités. Le Roi de Prusse se persuaderoit qu'au premier moment, où l'Autriche pourroit l'attaquer avec avantage, elle trahiroit ses engagemens, en partant du même principe, d'après lequel il a rénouvellé ses prétensions. Enfin je regarde ces deux Maisons comme engagées nécessairement à être perpétuellement en guerre, & je suis convaincu que leurs querelles ne finiront que par la réduction entiere de l'une ou de l'autre. Il est donc indubitable qu'elles ne peuvent pas plus l'une que l'autre rendre le moindre service à la Grande-Bretagne. Que la France cherche une alliée dans l'une ou l'autre de ces Puissances à la bonne heure. Ce sera une alliance très-naturelle, parce qu'il eſt de l'intérêt de la France d'entretenir des guerres perpétuelles en Allemagne. Elle prêtera ſon appui à la partie la plus foible, & il n'y aura rien de plus naturel encore & de plus convénable. Mais pour l'Angleterre, il ne peut lui révenir aucune eſpèce d'avantage des troubles intérieurs de l'Empire. Nous avons au contraire un intérêt ſenſible à ſouhaiter que ſes membres ſoient auſſi unis qu'il eſt poſſible. Et s'il eſt trop difficile de maintenir la paix parmi eux, laiſſons-les vuider leurs querelles, nous ne pouvons rien faire de plus ſage. Lorſque l'un des deux ſuccombera, l'autre ne demandera pas mieux que d'être notre allié, alors, & alors ſeulement, ce ſera une alliance qui vaudra la peine que la Grande-Bretagne l'accepte. Et par-où finira tout ce maſſacre d'Allemans & de Proteſtans, dont le Roi de Pruſſe ſera continuellement obligé de ſouiller ſa gloire? Peut-être périra-t'il au milieu des combats, ou s'il ſurvit à ſa ruine, la Sileſie lui échapera des mains. Si, au contraire, il laiſſe ſon ſucceſſeur en poſſeſſion de cette province, celui-ci aura-t'il les mêmes moyens, la même adreſſe, pour engager alternativement la France

& l'Angleterre à s'épuiser pour sa défense? ne se verra-t'il point à la fin obligé de l'abandonner, & de souffrir que la juste vengeance de la Maison d'Autriche fasse éprouver à ses propres Etats les hostilités affreuses exercées par son prédécesseur sur les païs Autrichiens? Pourra-t'on dire alors que le Roi de Prusse a été le défenseur de la cause Protestante, lorsque l'on considérera, que deux fois en sa vie il a dévasté un Etat Protestant, qu'il a tenu toûjours la verge lévée sur l'autre, & qu'à sa mort il a laissé aux Papistes les plus justes prétextes pour ruiner le sien de fond en comble. C'est donc là le Prince que nous qualifions de grand homme, & que nous paroissons ne pouvoir jamais assez admirer, & pourquoi? parce que les François les premiers l'ont aidé à bouleverser une partie de l'Allemagne, & que nous le croyons capable de se joindre à eux à la premiere occasion pour bouleverser l'autre; parce que nous l'engraissons & le rendons puissant, afin qu'il soit encore plus en état de nous faire la loi & de seconder les vuës de la France. Je le repéte, il peut être un allié très-utile pour la France; mais pour la Grande-Bretagne, il ne sera jamais que l'épouventail d'un certain Electorat, l'idole du vulgaire ſtupide & le héros des gazettes. Je crois avoir bien prouvé que dans cette guerre d'Allemagne l'Angleterre ſe trouve ſeule & ſans appui vis-à-vis de la France.

On nous alléguera enſuite que l'argent eſt le nerf de la guerre, & nos gazettes nous apprendront à nous feliciter & nous réjouir d'auſſi bonne grace d'avoir ajoûté cette année huit ou douze millions à la maſſe de nos dettes, que ſi nous les avions diminuées de la même ſomme par un bon uſage du fonds d'amortiſſement. A la bonne heure, mais jamais l'argent, en quelque qualité qu'il ſoit donné, ne nous procurera des troupes pour la défenſe d'une cauſe, contre laquelle toute l'Europe eſt prévenue. Les Ruſſes ou les Suédois nous prêteront-ils des troupes, dont nous nous ſervirions contre eux-mêmes? Eſt-il quelque Etat d'Empire de qui nous puiſſions attendre cette complaiſance? N'avons-nous pas été réfuſés par les Hollandois & les Danois? Sera-ce du Roi de Pruſſe que nous tirerons des ſecours, lui qui au contraire envoye journellement des recrues à nos ennemis? Oui, le Roi de Pruſſe recrute les armées Françoiſes, puiſqu'en ravageant la Saxe il pouſſe ſes pauvres peuples au désespoir, & les réduit à la nécessité d'aller chercher à vivre sous les drapeaux de leur Prince Xavier * dans l'armée Françoise. Je le repéte, les ressources de nos ennemis sont infinies. La France est beaucoup plus peuplée que la Grande-Bretagne, & par la nature de son gouvernement elle peut mettre sur pied toutes les troupes dont elle a besoin. Indépendament de toutes ses ressources particulieres elle recrute encore dans la Suisse, dans l'Italie, dans l'Allemagne & dans la Flandre. L'Angleterre a-t'elle de pareils avantages? que peut-elle leur opposer, si ce n'est les bras de ses propres sujets, qui laissent les terres & les manufactures dans le dépérissement, & quelques levées faites sur les païs de Hesse & de Hanovre?

L'Angleterre, par le secours de son argent, pourroit donc défier toute l'Europe? Si nous le croyons ainsi, il ne reste plus qu'à nous en glorifier, pour donner de l'ombrage à toutes les autres Puissances. Sous un certain point de vuë il est incontestable que l'argent est le nerf de la guerre; mais il faut des hommes pour faire

* Le Comte de Lusace.

cette

cette guerre, ou bien nous n'aurons que des ſquelettes d'armées, & nous éprouvons combien l'état, où ſont réduites toutes les Puiſſances de l'Europe, en a rendu l'eſpèce rare.

Enfin tout doit avoir une meſure & des bornes. Si la guerre préſente continue, ſi les parties belligérantes ne changent point de ſentiment, portez au double, ſi vous le voulez, le revenu de la France, vous ne me perſuaderez jamais que ſa marine puiſſe dévenir égale à la nôtre. Il en eſt de même par rapport aux troupes de terre de la Grande-Bretagne, eût-elle un revenu deux fois plus conſidérable que celui qu'on peut lui ſuppoſer, il lui eſt impoſſible de dévenir auſſi forte que la France par ſes armées.

J'ai toûjours avancé juſqu'ici que le revenu de l'Angleterre étoit plus grand que celui de la France: mais ma ſuppoſition eſt-elle juſte? Je ſoupçonnerois le contraire, & s'il faut dire ce que je penſe, je croirois que c'eſt la France qui a le revenu le plus conſidérable. J'avouë que je ne ſçais point préciſement à quoi ſe monte le nôtre; mais j'en juge ſur ce que nous en a appris, dans les dernieres ſéances, un homme qui, par la nature de ſa place & de ſon travail, doit avoir des lumieres certaines ſur cet objet, & qui a expoſé nuement ce qu'il en ſçavoit, laiſſant à ceux qui l'écoutoient la liberté d'en tirer les conſéquences qu'il leur plairoit. Le revenu fixe de la France, nous dit-il, eſt de douze millions ſterling, dont cinq conſommés d'avance, & engagés, deſorte qu'elle n'en a plus que ſept, ſur leſquels il faut prendre les nonvaleurs des cinq autres, & ce qui reſte eſt ſon véritable revenu : Elle a emprunté deux millions, qui, avec les ſept ci-deſſus, forment tout le fonds qu'elle a pour ſoûtenir la guerre, ſomme très peu proportionnée, ſuivant lui, aux dépenſes qu'une pareille guerre exige. Conſidérons à préſent quel eſt le revenu de l'Angleterre. Il conſiſte dans l'impôt ſur les terres & ſur la dreche, qui rend deux millions ſept cens cinquante mille livres ſterling, à quoi l'on peut ajoûter tout ce que l'on prend ſur le fonds d'amortiſſement, quoique, ſuivant bien des gens, ce fonds ſoit engagé d'avance. Mais en ſuppoſant que l'on en tire un million & demi, nous voilà donc avec un revenu de quatre millions pour faire face à la France, qui en a un de ſept. Mais ce n'eſt pas tout : Nous avons fait cette année (1760) un emprunt de douze millions, sçavoir huit sur des annuités & quatre sur le fonds d'amortissement. Nous n'avons qu'à continuer sur ce ton-là, la France, en empruntant chaque année deux millions, en devra six dans trois ans, & l'Angleterre trente-six, parce que ses emprunts sont de douze millions, quand ceux de la France ne sont que de deux. Si nous ne voulons pas avouer que notre emprunt ait été de plus de huit millions, * ce sera toûjours vingt-quatre millions de dettes de plus dans trois ans. Nous faut-il des preuves plus frappantes pour nous faire convenir que la guerre actuelle est ruineuse pour notre Nation ?

Examinons à présent s'il est vrai que les neuf millions de la France ne lui suffisent pas pour les dépenses de la guerre. La France n'a point armé d'Escadres cette année, & il n'en a pas été de même de notre côté. Sans avoir été employée offensivement de toute l'année, notre marine nous a coûté cinq millions six-cens mille livres sterling. Voilà qui réduit le capital de quinze millions, sur lequel nous vou-

* L'emprunt de 1761 est de douze millions, sans compter ce qu'on pourra prendre sur le fonds d'amortissement.

lons faire la guerre de terre à neuf ou dix millions. Ajoûtez-y les fraix du transport des hommes & des chevaux, le fret d'une quantité de bâtimens marchands, que l'on a grand ſoin de tenir toûjours en état pour les occurrences, la différence de paye des troupes Angloiſes & des troupes Françoiſes, toutes les facultés qu'ont les François, & que nous n'avons pas, de pourvoir par le Rhin & par le Mein à la ſubſiſtance & à l'entretien de leurs troupes. Examinons bien tous ces avantages de nos ennemis, & il ne nous ſemblera plus que neuf millions ſoient trop peu pour ſatisfaire aux dépenſes de la guerre qu'ils ſoûtiennent contre nous. Leur revenu ordinaire de ſept millions ſuffiroit pour faire la guerre contre un peuple, pour qui elle eſt auſſi ruineuſe que pour nous: avec ces ſept millions, ſeuls & ſans emprunt, ils mettroient en campagne plus d'hommes que nous, quand nous nous endetterions chaque année de huit ou de douze millions.

Quiconque a réfléchi ſur la guerre en général, peut avoir conſidéré qu'elle a trois manieres d'être: ſçavoir, offenſive, égale & défenſive. Or il n'y a perſonne qui ne convienne, que la derniere eſt la moins difficile & la moins déſavantageuſe,

Quoiqu'une armée n'ait d'autre objet que de se défendre, le Général trouve encore de quoi exercer toute son attention. Si c'est pour défendre un vaste païs, il est presque certain que son antagoniste aura la supériorité, à moins qu'il ne lui soit bien inférieur par la capacité. La raison de cela, c'est que le Général qui attaque, peut faire agir ses principales forces quand il lui plait, & les diriger, où il lui plait: & qu'il faut que le Général, qui se défend, partage pareillement les siennes. Si celui, qui attaque, échouë dans une tentative, il ne fait ordinairement que très peu de perte, & il a toûjours un autre projet tout prèt, dont rien ne l'empèche d'essayer sur le champ. Tót ou tard il prendra son ennemi au dépourvû & l'attaquera avec cinq mille hommes dans le lieu & dans le tems où celui-ci n'en aura que mille à lui opposer. Des lignes peuvent ètre fort utiles dans des païs coupés de canaux, & cependant les François n'ont jamais fait de lignes, que le Duc de Marlborough n'ait trouvé le moyen de les franchir. Or il n'y a dans un païs découvert comme Hanovre & la Hesse, qu'une armée infiniment supérieure qui puisse le couvrir, & encore faut-il que ce soit en agissant offensivement. C'est ce que le Duc de Cumberland a éprouvé dans la premiere campagne; c'est ce qu'a éprouvé depuis, malgré toute sa capacité, un Général plus heureux que ce Prince. Deux fois de suite les François se sont ouverts une entrée dans la Hesse; cette année ils se sont encore mis en possession d'une partie de Hanovre, & entrent toûjours en campagne avec une supériorité prodigieuse.

C'est une excellente politique dans les Conseils de la France, de faire toûjours ensorte que ses armées en Allemagne soient plus fortes que les nôtres, sans prendre garde, s'il reste trop peu de troupes dans le Royaume. Je sçais que notre Général a pû, par les ressources de son genie, pousser la campagne jusqu'au bout, sans perdre aucune action; nous regardons cela comme une très grande victoire, & nous en sommes transportés de joye. C'est cependant-là précisement l'espèce de guerre, qu'il est de l'intérèt de la France que nous fassions. Politiquement parlant, il seroit à souhaiter pour l'Angleterre qu'une bataille décidât à la premiere occasion du sort des deux armées. On me repondra que le Duc de Cumberland, aussi bien que le Prince Ferdinand, n'ont jamais été assez forts pour en risquer une. Je le sçais, & je sçais plus encore, c'est que jamais on ne verra nos armées assez fortes pour cela. Car quelque nombre de troupes que nous envoyons en Allemagne, la France s'appliquera toûjours à y en faire passer un plus grand nombre. Elle a plus de troupes que l'Angleterre. Tant que nos conseils persisteront à vouloir lutter seuls contre elle dans une guerre sur le continent, nos armées seront toûjours inférieures, toûjours elles seront obligées de se tenir sur la défensive.

Aurions-nous envie de charger nos revenus d'une dette plus pésante, de lever des sommes encore plus considérables que l'année derniere? Assûrement il n'y a point de bon Anglois qui puisse souhaiter de voir quinze millions sterling consacrés annuellement aux intérêts de l'Allemagne, tandis que dans tout le cours d'une année on n'employe pas un seul Regiment, une seule Escadre à agir offensivement contre les véritables ennemis de l'Angleterre. Quoique nous fassions, & même avec une apparence de plaisir, des dépenses si prodigieuses; quoique les François ayent très bien sçû que l'armée alliée étoit forte de quatre-vingt quinze mille hommes, ils n'en ont pas moins mis en campagne une armée de beaucoup supérieure à la nôtre: Quand est-ce donc que nous pourrons espérer de les égaler? Malgré l'embarras de ses affaires, la France nous est encore supérieure, quoique notre crédit soit à son plus haut période. Est-il rien qui prouve avec plus d'évidence que nous faisons une guerre ruineuse? Nous tirerons tant de gloire qu'il nous plaira de tous nos avantages, qui, après tout, ne sont pas si merveilleux; nous ferons autant d'efforts que nous voudrons, pour paroître aussi puissans que les François, ils sçavent que notre ambition causera notre perte, & ils ne manqueront point de prolonger la guerre autant qu'il leur sera possible, jusqu'à ce que l'impatience s'empare de nous, ou que notre crédit soit épuisé.

Mais pour que cette preuve paroisse dans toute sa force, supposons un moment, que nous ayons un fonds d'hommes plus considérable que la France, ou plus de ressources pour récruter nos Regimens; supposons qu'il nous soit possible de faire des emprunts encore plus considérables pour les payer, & que, par ces moyens, nous puissions mettre en campagne plus de troupes que les François. Malgré tout cela, je ſoutiendrai toûjours que cette guerre eſt non ſeulement ruineuſe, mais je ferai voir encore qu'elle eſt impraticable, c'eſt-à-dire, qu'elle ne peut nous produire aucun avantage eſſentiel, ni faire aucun mal conſidérable à l'ennemi.

Cette guerre ſe fait dans un pays, où les ſuccès ne ſçauroient nous être profitables, & où nos ennemis ne peuvent ſouffrir aucun préjudice eſſentiel par leur défaite? Jamais un ſage gouvernement imagina-t'il que l'objet de la guerre fût uniquement la deſtruction des hommes? Quand cela ſeroit poſſible, il n'y auroit point de gouvernement qui dût être plus avare que la Grande-Bretagne du ſang de ſes ſujets. L'objet véritable de la guerre eſt de ſoûmettre le pays de ſon ennemi, en lui enlevant ſes provinces, ſes ſujets ou ſes revenus, afin de le réduire plûtôt aux termes de la raiſon. C'eſt-ce que l'Angleterre eſt ſûre d'effectuer par-tout où elle fera la guerre, pourvû que ce ne ſoit point en Allemagne. Je ſuppoſe encore qu'une armée d'Anglois y eût battu celles de la France à platte coûture, la Grande-Bretagne ne ſe propoſant point d'acquerir en Allemagne quelques pays ou quelques villes, quel profit tirerions-nous d'un ſi glorieux avantage: Et quand on nous en donneroit des villes & des provinces, vaudroient-elles la peine d'être acceptées? De quel avantage pourrions-nous donc nous flatter? Les François, aulieu d'être ſur le Weſer ou ſur la Dimel, petit ruiſſeau dont le nom étoit à peine connu autrefois en Angleterre, ſeroient ſur le Mein, c'eſt-à-dire, beaucoup plus éloignés de l'Angleterre & plus proches de la France. Pour les ſuivre, il faudroit conſidérablement multiplier les fraix de la guerre, en tranſportant beaucoup plus loin les munitions, les proviſions & les récrues, tandis que les François ſe rapprocheroient dans la même proportion de leur pays & de leurs reſſources.

Si au contraire c'étoient les François qui défiſſent notre armée; tous nos magaſins avancés ſeroient perdus. Peut-être bien auſſi, dira-t'on, prendrions-nous notre revanche. Mais quand effectivement nous pourrions remporter une ſeconde victoire, quel en ſeroit le fruit? Ces nouvelles pertes, dira-t'on, obligeroient les François à repaſſer le Rhin & à ſe retirer dans leur propre pays. Mais conviendroit-il à des Anglois de les y ſuivre?

La Grande-Bretagne ſeule, ſans aucun ſecours étranger, pénétrer dans la France au milieu de ſes villes frontieres, & en paſſant le Rhin! Marlborough n'auroit pas voulu l'entreprendre après la bataille d'Hochſtett. Avoit-il alors, & avons-nous aujourd'hui, aſſez de groſſe artillerie, pour forcer des places? Comment faire parvenir juſqu'à notre armée l'artillerie & les munitions néceſſaires pour des ſièges d'importance? Tous les Etats nos ennemis, dont il faudroit que ces convois traverſaſſent le territoire, leur donneroient-ils le paſſage? Suppoſons encore que nous priſſions une de ces places, nous ſeroit-il poſſible de la garder, le voudrions-nous, quand rien ne s'y oppoſeroit? Enfin eſt-ce que les François, avant que les munitions néceſſaires pour des ſièges fuſſent envoyées d'Angleterre & arrivées à cette armée, n'auroient pas aſſez de tems pour tirer des troupes de leurs autres garniſons pour raſſembler leurs milices & former un nouveau corps d'armées qui couperoit toutes les communications de la nôtre, & qui l'enfermeroit comme dans un piége? La France n'a pas aujourd'hui ſur pied la moitié des troupes qu'elle trouveroit le moyen de mettre en campagne pour détruire une armée Angloiſe qui ſe ſeroit engagée dans ſes places frontieres.

Si nous ſommes aſſez préſomptueux pour croire que les forces de la Grande-Bretagne peuvent égaler celles de la France, nous avons donc grand tort d'envoyer nos troupes au fond de l'Allemagne, pour que leur ardeur ſoit éteinte avant qu'elles y ſoient arrivées, & d'attaquer de front ce taureau féroce, tandis qu'en le prenant par le côté nous pourrions lui enfoncer un fer meurtrier juſques dans le cœur. S'il eſt quelques troupes que nous devions fatiguer par de longues marches, que ce ſoient celles des ennemis & non les nôtres. Allons débarquer, comme faiſoient nos ancêtres, à Boulogne, à Calais ou au Havre, & marchons droit à Paris. C'eſt-là une maniere beaucoup plus courte & moins diſpendieuſe de faire la guerre. C'eſt le moyen le plus efficace pour réduire nos ennemis à nous demander la paix. Que ce ſoit de leur païs, plûtôt que de celui de nos alliés, que nous faſſions le theatre de la guerre. Voilà exactement ce que nous devons faire, ſi nous croyons nos forces de terre égales à celles des François. En effet, il nous ſera bien plus aiſé de fournir notre armée d'artillerie & de munitions de guerre, lorſqu'il ne faudra que leur faire remonter la Seine pour prendre Rouen ou Paris, qu'il ne le ſeroit de les envoyer par le Mein, le Neker ou le Rhin pour prendre Strasbourg.

L'on ſçait combien il ſeroit abſurde de ſonger à s'emparer de quelques places fortes ſur les frontieres de la France & de l'Allemagne. Mais qui eſt-ce qui nous aſſûre, que l'on réuſſiroit dans une pareille entrepriſe? Au ſurplus, quand il ne nous ſeroit point impoſſible d'y réduire une place, il l'eſt très-fort de dire ce que l'on en feroit. Nous faiſons donc une guerre, où la fortune, quelque bonne volonté qu'elle eût pour nous, ne pourroit point nous favoriſer. Nous ne pouvons tirer aucun avantage de nos victoires-même, & les ſuccès les plus multipliés ne peuvent qu'accroitre nos embarras, & doubler notre dépenſe. Concluons donc que c'eſt une maniere de faire la guerre à la France qui eſt abſolument impraticable.

Si dans le cours de la guerre préſente la Grande-Bretagne ne peut tirer aucun avantage de ſes victoires, il n'y a point de perte de batailles qui puiſſe cauſer un préjudice réel à la France.

Quand nous chaſſerions les François de

l'Allemagne, qu'en arriveroit-il ? Les villes qu'ils quitteront leur avoient-elles jamais appartenu ? En auront-ils une place forte de moins ? Les revenus de l'Etat en souffriront-ils la moindre altération ? Sera-t'il plus qu'il ne l'a encore été exposé à une banqueroute, parce qu'il faudra que ses armées subsistent sur son propre pays ? Mais, direz-vous, l'Allemagne au moins en est débarrassée. Je veux le croire, pourvû que vous conveniez que ce ne seroit tout au plus que pour une campagne; mais cela empêcheroit-il les dépenses de la Grande-Bretagne de continuer ?

Les François peuvent-ils souhaiter une place de guerre plus favorable à leurs intérêts ? Nous nous mettons dans l'impossibilité de leur porter aucun coup décisif, & ils sont sûrs que l'Angleterre sera à la fin obligée de céder, quand son crédit seroit dix fois plus grand & ses ressources dix fois plus considérables.

Ainsi donc tout ce que nous pouvons espérer de plus avantageux, c'est de tuer quelques François. Depuis quatre ans en avons-nous beaucoup détruit par les armes ? Jamais les troupes Britanniques n'ont été commandées par des Généraux qui eussent une liberté plus étendue. Et cependant la France n'a pas encore soûtenu de guerre moins meurtriere que celle-ci. La bataille d'Hastenbeck nous fut-elle donc si favorable? ou bien y perdirent-ils plus d'hommes que nous? Les journées de Crevelt & de Warbourg ont-elles produit d'autre effet, malgré leur importance, que de faire tirer les canons de la Tour & de donner un prétexte d'envoyer de nouvelles troupes en Allemagne? Malgré tous les prodiges de valeur de deux Brigades Angloises à la bataille de Minden, l'armée Françoise n'étoit-elle pas tout aussi belle & aussi forte la campagne suivante? Je suppose que le Général (le Lord Sackville) eût fait son devoir, & qu'avec la Cavalerie il eût chargé les François, ou écrasé trois ou quatre mille hommes d'Infanterie Saxonne & Françoise; c'eût été sûrement une très bonne chose, puisque la perte de l'ennemi se fut montée au double; mais en quoi cela auroit-il affecté les suites de la guerre? Peut-être bien l'armée Françoise auroit-elle repassé le Rhin, & les Anglois seroient-ils entrés dans Francfort? Mais est-ce qu'il n'est pas plus intéressant à l'Angleterre d'enlever une Fregate aux François que de prendre Francfort? Etoit-ce auparavant une ville Françoiſe? appartiendra-t'elle jamais aux Anglois? Tout le déſavantage de la France ſe feroit donc réduit à la perte qu'elle auroit faite en hommes; mais ce n'eſt point par cette eſpèce de pertes que la France peut craindre de ſuccomber. En fît-elle de plus conſidérables cent fois, elle les répareroit auſſitôt par les levées qu'elle feroit dans ſes milices, ou par des recrues Allemandes. Or je voudrois ſçavoir, ſi nos manufactures, ſi nos terres ſont aſſez fournies de bras, pour que nous puiſſions ſacrifier vingt-cinq mille Anglois, afin de faire perdre quarante mille hommes à la France, pour la ſeule ſatisfaction de mettre la bravoure Angloiſe à l'épreuve, pour ſçavoir qui feront ceux qui tueront le plus d'hommes, & pour avoir la gloire de parier cinq contre trois ſur le tout? Je ſoûtiens que nous n'avons point d'autre profit à en attendre, puiſque la nation ne peut retirer aucun avantage pour ſon commerce, pour ſa navigation ou pour la culture de ſes terres de toutes les victoires, que nous pourrions remporter ſur la France en Allemagne.

Le caractére diſtinctif de cette guerre conſiſte dans l'art avec lequel on ſçait honorer de ſimples eſcarmouches du nom

de

de batailles & de victoires. Nous n'avons point pris garde au dépériſſement de nos troupes, pour ne nous occuper qu'à exalter leur valeur. Un moyen ſûr de plaire à la Cour a été, de faire ſonner très haut les moindres avantages remportés par nos armées en Allemagne & d'exagérer la perte des François. Mais malgré toutes leurs pertes, les François ont toûjours été plus forts que nous, & ils l'ont été d'autant plus qu'en bonne politique il falloit que cela fût ainſi. Nous nous tromperions fort en vérité, ſi nous pouvions croire que la France n'a au-deſſus de nous préciſement que ce qui eſt neceſſaire pour lui donner quelque ſupériorité. La France aura pû entretenir en même tems des armées ſur le Rhin, ſur la Moſelle & ſur la Meuſe, en Eſpagne & en Savoye, & nous nous flatterons que toutes ſes reſſources ſont épuiſées parce qu'elle envoye une armée dans le païs de Hanovre.

Ne voyons-nous pas la Cour de France faire aujourd'hui des diſpoſitions pour une ſeconde armée, & n'en avons-nous pas même déja ſenti les effets? Quel étoit donc le fondement de ces fanfaronnades, par-où ont conſtamment débuté toutes nos séances, sçavoir, que les François sont ruinés, que la prochaine campagne sera la derniere qu'ils pourront faire. Bien loin qu'ils soient obligés à faire banqueroute parce qu'ils se sont maintenus dans la Hesse tout l'été, avec une armée supérieure à la nôtre, leur gouvernement se trouve en état de former deux armées. Nous avons donc bien mal jugé de leurs forces, en assûrant qu'à peine ils pourroient en entretenir une.

Nous avons fait voir, combien il est impossible de faire la guerre à la France sur le Haut-Rhin. Examinons à présent, si, en la faisant sur le Bas-Rhin, nous pouvons espérer plus de succès. D'abord je voudrois sçavoir quel seroit notre objet? Sans doute de prendre Wesel; mais Wesel n'est point frontiére de la France, il l'est bien plûtôt des pays du Roi de Prusse. On me dira que nous empêcherons au moins les François d'y former une armée. Mais comme les François n'avoient pas Wesel en 1757. lorsqu'ils firent marcher leur armée par son territoire, il est vraisemblable, que quand ils ne l'auroient point à présent, cela ne les empêcheroit point de prendre la même route. Pour réussir dans l'exécution de ce desſein, il faudroit donc que nous euſſions dans ce païs une armée plus forte que les François, ſans quoi nous aurions à craindre d'être repouſſés & battus. Mais ſupposons qu'il fût poſſible d'empêcher les François d'aſſembler une armée ſur le Bas-Rhin, ſeroient-ils ſi embarraſſés qu'on l'imagine? Je crois que non, ils la formeroient ſur la Rore ou ſur la Meuſe. Le lieu eſt ce qui les inquiéte le moins, pourvû qu'ils puiſſent eſpérer de nous y attirer. Les François ne ſe ſont ſûrement point propoſés de conquerir l'Angleterre en envoyant des armées en Allemagne. Leur ſeul objet, leur unique eſpoir a été de nous épuiſer & de nous excéder par une guerre ſur le continent, parce qu'ils ſçavent qu'elle doit être ruineuſe pour notre nation. Si leur ſeconde armée étoit ſur la Meuſe, cette poſition leur ſeroit encore bien plus favorable que ſi elle étoit ſur le Bas-Rhin, parce que leurs troupes en ſeroient d'autant moins éloignées des moyens de ſubſiſtance. Et ſi nous ſommes trop obſtinés, ſi notre crédit reſiſte trop longtems, ils aſſembleront une troiſieme armée, plûtôt que d'échouer dans leur deſſein de nous épuiſer, & ce ſera ſur la Moſelle ou en tel autre lieu de leurs frontieres que nous auront jugé à propos de choiſir.

Mais je veux que la nation ſoit aſſez riche & aſſez acharnée à la guerre pour lever vingt millions, & qu'elle puiſſe trouver aſſez de troupes pour une nouvelle armée, je dis trouver, dans la lune, car ſur terre j'en défie. Nous pouſſerons ainſi notre pointe jusqu'à trois campagnes, dans chacune deſquelles je veux encore que nous puiſſions tuer vingt mille François bien comptés; deſorte qu'il ne reſte pas un ſeul bataillon de l'autre côté du Rhin depuis Bâle juſqu'à Emerick. Eh bien! nous ſerons toûjours auſſi éloignés de la paix qu'auparavant. Peut-être dans la campagne ſuivante ſerions-nous plus forts que les François: mais que réſulteroit-il pour nous de cette ſupériorité? Quel profit en retirerions-nous? Aucun; la Cour de France n'auroit pas plûtôt remarqué cette ſupériorité, quelle abandonneroit le projet d'envoyer des armées en Allemagne. Ainſi elle nous auroit mis dans la néceſſité de conſommer vingt millions, tandis qu'elle pourroit ſe diſpenſer de faire la moindre depenſe. Au ſurplus les choſes ne dureront ainſi que l'eſpace d'une année. La campagne ſuivante, lorſque l'Angleterre ſera épuiſée, ils tireront de leurs épargnes les moyens de reprendre leur premiere ſupériorité. Je conclus de tout cela que la France ne peut rien faire de plus avantageux pour ſes intérêts & pour ſa gloire, que de nous occuper en Allemagne. Et ſi la politique des François eſt toûjours auſſi ſage, ils ſe garderont bien d'y envoyer des forces trop puiſſantes & de nous en chaſſer, parce qu'il vaut bien mieux qu'ils nourriſſent en nous le vain eſpoir de les vaincre & de les en chaſſer eux mêmes.

On auroit grand tort de dire que cette guerre d'Allemagne nous a été au moins utile par les ſuccès qu'elle eſt cauſe que nous avons eu ailleurs: je ferai voir bientôt qu'elle n'y a nullement contribué.

On me repréſentera, qu'une fois les François chaſſés de l'Allemagne, rien ne nous empêcheroit d'aller porter des ſecours au Roi de Pruſſe. Mais contre qui? Seroit-ce contre l'armée de l'Empire? La Grande-Bretagne n'a rien à démêler avec le Corps Germanique. Contre les Autrichiens! eh, ſommes nous en guerre avec l'Imperatrice-Reine? La Grande-Bretagne n'a-t'elle pas déja aſſez d'ennemis, ſans aller en chercher de nouveaux dans l'Allemagne Orientale. Ils ſont tous ennemis du Roi de Pruſſe, me direz-vous. Mais eſt-ce que nous ſommes les ſujets du Roi de Pruſſe? Le Roi de Pruſſe, dira-t'on, eſt notre allié. Oui ſans doute, mais c'eſt par un traité qui ne nous impoſe point de pareilles obligations. Nous avons garanti la Sileſie, dans les mêmes termes qu'il a garanti l'Electorat de Hanovre, & cependant nous l'avons vû tout prêt à l'attaquer. On me repliquera qu'il a beſoin de notre aſſiſtance. C'eſt-à-dire donc, que les troupes Angloiſes ne verront jamais la fin de leurs travaux. Mais eſt-ce que nous avons des tréſors & des pepinieres d'hommes aſſez inépuiſables pour envoyer ainſi nos ſujets chercher juſques dans leur païs les Bohemiens, les Hongrois, les Boſniens, les Eſclavons, les Banatiens, les Waraſdins & vingt autres peuples ſemblables, avec qui nous n'avons pas la plus petite affaire à démêler? Nous flattons-nous de conquerir en une campagne les Autrichiens, les Ruſſes & les Suédois; car pour que S. M. Pruſſienne nous laiſſe jouir de quelque repos, pour qu'il n'ait point beſoin de notre ſecours dans la campagne ſuivante, lorſque les François ſe préſenteront avec de nouvelles forces pour entrer dans l'Electorat, il faut que nous exterminions en une ſeule campagne tous les peuples que je viens de nommer, car ils ſont tous ennemis du Roi de Pruſſe. Au ſurplus, ſommes nous certains que s'il n'avoit pas beſoin de nous il voulût être notre allié, qu'il fût auſſi obligeant envers nous, qu'il nous prêtât auſſi volontiers ſes ſecours contre les François? Si nous ſommes portés à le croire dans de ſi favorables diſpoſitions, au moins ayons un traité avec lui qui nous en aſſûre, & que ce ne ſoit point dans la ſeule généroſité de ſon cœur, que nous mettions toute notre confiance. Eſt-ce que dans la guerre derniere il n'abandonna pas les François à qui il avoit l'obligation de ce qu'il étoit devenu? Eſt-ce qu'il ne ſe detâcha point de leurs intérêts auſſitôt que leur ſecours lui fut inutile? Il y a mille queſtions comme celle-là, auxquelles je voudrois qu'on repondît avant que de ſe réſoudre à envoyer une armée en Allemagne. Il a été un tems où nous paroiſſions bien décidés à ne point laiſſer aller nos troupes plus loin que l'entrée de l'Ems & du Weſer. Mais ſi une fois elles ſont livrées au Roi de Pruſſe, où ne les conduira-t'il point? Ce ſera donc la deſtinée des Bretons de ſervir non ſeulement ſous un Général étranger, mais ſous un autre Roi que le leur? Il eſt très probable qu'il ſe hâtera de tirer d'eux tout le plus grand parti qu'il lui ſera poſſible, car il ne pourroit point douter qu'ils ne fûſſent bientôt las de ſe voir ſous ſes ordres. S'il ſouffre qu'ils faſſent une armée à part, où feront leurs magaſins? Les ſuivront-ils depuis Embden juſqu'à Breslau? Si nous avons déja augmenté nos dettes d'un million & demi, pour le ſeul article du fourage, combien ne faudra-t'il pas de millions pour faire paſſer des ſubſiſtances à une armée dans cet éloignement. Je ne parle point de l'embarras où ſeroient nos pauvres Anglois pour retrouver leur chemin, & revenir en Angleterre, ſi malheureuſement ils étoient battus & mis en déroute. Au ſurplus, quand la Grande-Bretagne ſeroit aſſûrée de trouver dans ce Prince d'Allemagne un allié plus fidéle & plus réconnoiſſant qu'aucun de ceux qu'elle ſe ſoit jamais fait dans ce païs, & que même il pût nous prêter des ſecours réels contre la France, que pourroit-il faire pour nous? Sans doute il joindroit ſes forces aux nôtres & nous aideroit à chaſſer les François de l'Electorat. Soit, mais la Grande-Bretagne en feroit-elle moins de depenses, en seroit-elle moins obligée d'entretenir une armée dans l'Electorat & de payer des subsides. N'est-il pas bien plus vraisemblabe que ce Prince voudroit que le sien fût augmenté, qu'il le feroit peut-être même porter jusqu'à un million sterling? Et sans que tout ce que l'on vient de supposer ait eu lieu, qui est ce qui ignore les efforts qu'il a déja faits pour avoir une augmentation de subsides?

Je veux bien que son subside soit toûjours le même, j'accorderai encore que l'on parviendra à chasser les François de l'Allemagne : quel avantage voit-on dans tout cela pour l'Angleterre? *Vraiment*, repondra-t'on, *lorsque les François ne pourront plus venir dans le païs de Hanovre, ils seront obligés de faire la paix.* Espérance trompeuse! il est bien vrai que tant que nous payerons bien le Roi de Prusse, & qu'il aura le loisir de défendre l'Electorat, il pourra en écarter les François, mais je ne conçois point comment cela les obligeroit à faire la paix, sera-ce parce que la France n'aura plus d'armée en Allemagne, que les ressources lui manqueront? Ses provinces seront-elles moins peuplées, ses révenus moins considérables, parce que ses armées n'auront point passé le Rhin? Et pourquoi les François demanderoient-ils la paix avec tant d'instances, tandis qu'on les laisseroit parfaitement tranquilles? Ce n'est point assez qu'ils ne puissent nous faire aucun mal; il faut que nous leur en fassions, si nous voulons les dompter & les réduire, & ce ne sera jamais en Allemagne.

Si nous persistons dans cette guerre ruineuse & impratiquable, quelques soient nos richesses & notre grandeur, ce sera l'Angleterre & non la France qui se verra obligée à demander la paix. Malgré tous nos succès, la France est encore intacte. Dès que le gouvernement François croira pouvoir nous attaquer en Allemagne avec des forces supérieures, il n'y manquera pas. S'il juge que nous soyons trop forts, il s'en gardera bien. Loin qu'une année écoulée, sans qu'ils envoyent des troupes en Allemagne, puisse les ruiner, ils n'en seront que plus forts l'année suivante. Pourquoi donc la France se donneroit-elle des mouvemens pour la paix, tandis qu'en restant tranquille, en menageant ses moyens, en conservant ses troupes, en menaçant toûjours de les faire marcher en Allemagne, elle est assûrée de nous ruiner de fond en comble & de nous forcer à lui demander grace, lorſque nous aurons augmenté de trente-ſix ou de quarante-huit millions notre dette nationale.

Mais nous avons ſi longtems été dans l'habitude d'exalter la grandeur de notre allié, que bien des gens ne peuvent s'accoûtumer à penſer aujourd'hui que ſon alliance nous eſt inutile & même nuiſible. Il a été qualifié de *Magnanime* par une bouche trop reſpectable, pour qu'on oſe douter qu'il puiſſe faire pour nous les plus belles choſes. Mais c'eſt pour l'inſtruction de ceux qui ſe ſont formé de lui cette opinion, qu'il peut être à propos d'examiner s'il a autant de bonne volonté de nous ſervir, qu'on lui ſuppoſe de moyens de le faire. Cherchons à connoître le fondement de cette opinion générale qui veut qu'il ſoit ſi fort notre ami. Tâchons de découvrir ſi c'eſt de l'eſprit de nous être utile, ou de celui de nous nuire, qu'il eſt animé. Cet examen fait avec impartialité me juſtifiera auprès de mes lecteurs d'avoir oſé m'écarter du ſentiment général. Je ne me propoſe au ſurplus que de rapporter des faits connus de tout le monde, & des conſéquences deſquels chacun pourra aiſément juger. Un des inconveniens qui résultent du trop grand nombre de nos gazettes, c'est que leurs auteurs étant obligés de travailler à l'envi l'un de l'autre à se rendre agréables aux peuples, ils se disputent entre eux à qui lui dira le plus de choses qui puissent lui plaire. Les gens sensés repétent ce que les sots écrivent, parce qu'ils ne croyent point devoir exercer leur jugement sur des choses auxquelles est attaché un si mince crédit; mais ils ne songent point que ces mémes futilités prennent dans leur bouche un caractére imposant, & qu'ils en deviennent les auteurs pour tous ceux qui les écoutent. Au commencement de la guerre présente on prodiguoit au Général Blakeney les éloges les plus outrés. Après lui le Roi de Prusse est devenu l'objet de ces complaisances de ces écrivains mercenaires. Qu'avoit-il fait pour la Grande-Bretagne? Y avoit-il seulement dans sa vie passée quelque preuve qu'il fût disposé a nous affectionüer? Depuis combien de tems ne le trouvions-nous point condamnable pour s'être attaché aux intérêts de la France, pour avoir excité une guerre civile dans l'Empire & brouillé nos alliés les uns avec les autres, pour avoir enfin immolé à son ambition la foi duë aux

Traités. Ne l'avions-nous pas jugé très capable de composer lui-même des memoires, que l'on répandoit dans Londres sous le titre d'appels aux peuples & où l'on employoit tous les moyens de le soulever contre le gouvernement. N'a-t'il pas été prouvé en quelque sorte qu'il entretenoit ici un Ministre pour semer la méfiance & exciter des mécontentemens, surtout dans la classe des marchands, avec qui ce Ministre avoit formé à dessein de grandes liaisons? Ne l'avons-nous pas vû insulter de gayeté de cœur à l'honneur de la nation Angloise en parlant de notre marine? Ne l'a-t'on pas entendu s'exprimer dans sa propre cour dans des termes très méprisans sur notre dernier Souverain? Oublie-t'on enfin l'outrage qu'il nous a fait en nous envoyant un de nos rebelles pour Ambassadeur? Ne l'avions-nous point condamné sur ce qu'il avoit fait une nouvelle infraction aux Traités & attaqué nos alliés de nouveau, afin de sauver nos ennemis, après avoir obtenu tout ce qu'il avoit désiré dans la Silesie? Telle étoit l'opinion que nous avions de ce Prince lorsque nous nous sommes engagés dans la guerre actuelle, & si ce que l'on conjecturoit alors est véritable, la ſcene devoit s'ouvrir de notre côté par un acte d'hoſtilité que les Princes ne pardonnent guères. Nous donnions un ſubſide de cinq cens mille livres ſterling pour cinquante-cinq mille Ruſſes qui devoient dévaſter tout ſon païs. Il étoit porté par les articles exprès du Traité, qu'ils auroient tout le butin, & afin qu'ils ne pûſſent point être tentés de le menager, nous ne leur avions point promis d'autre ſubſiſtance. La terreur que de pareils hôtes cauſa au Roi de Pruſſe, lui fit abandonner ſon projet offenſif contre l'Electorat, & le détermina au bout d'un intervalle de trois mois à ſigner le Traité de Weſtminſter, ſeulement pour interdire l'entrée de l'Empire à toutes les troupes étrangeres, c'eſt-à-dire aux Ruſſes à cauſe de nous, & pour lui-même aux François.

Nous avons crû qu'il ſeroit fidèle à ſon engagement, & nous n'avons point fait de difficulté de donner du dégoût aux Ruſſes. Depuis ce moment-là il ne porta plus les tîtres inſultans que nous avions accoûtumé de lui donner, & nous changeames totalement de façon de penſer ſur ſon compte. Il fut appellé le Heros du ſiècle, le Protecteur des libertés de l'Allemagne & le Champion de la cauſe proteſtante. On a commencé en Angleterre à le regarder comme un ſecond Roi, comme un ſecond defenſeur de la foi. Ceux mêmes qui, en conſéquence de leur éducation, avoient murmuré dans leur jeuneſſe de voir un Monarque Allemand monter ſur le trône Britannique, bûrent auſſi cordialement, que s'ils fûſſent nés à Berlin, à la proſpérité & à la longue vie de nos deux Rois. Nos rues furent illuminées pour célébrer l'anniverſaire de la naiſſance du nouveau Souverain. Enfin, l'on ne juroit plus que par le grand Roi de Pruſſe. Nos femmes ſe coëfferent à la Pruſſienne, pour paroître plus aimables: les hommes, pour avoir l'air plus militaire, firent retaper leurs chapeaux à la Pruſſienne; enfin il y eut juſques à de la petite bierre de Pruſſe pour ſouler la canaille. Si quelqu'un ſe fût aviſé de faire inſérer dans les gazettes le moindre article contre le Roi de Pruſſe, ou de jetter quelque doute ſur ſa bonne foi & ſur la religion de ce favori de l'Angleterre, & ſur une ſageſſe qui ne l'empêchoit point de ſe faire des ennemis de toutes les puiſſances de l'Europe; cet article n'auroit pas été reçu: on auroit allégué que cela pouvoit ſuffire pour rendre la gazette déſagréable au peuple, &

il n'y auroit pas eu moyen de le faire imprimer.

C'eſt une verité dont le ſouvenir eſt douloureux & ne fait pas grand honneur à nos ſentimens; mais ce Prince que nous n'avons jamais crû notre ami, & à qui nous avions toûjours reproché de negliger trop dans ſes actions toutes les obligations morales, & de décrier la religion dans ſes écrits, eſt devenu tout à coup à nos yeux le modéle le plus accompli de toutes les perfections. Il a conſervé la prévention favorable des peuples beaucoup plus longtems que n'avoit pû le faire notre bon Roi Guillaume, qui avoit cependant le merite d'avoir ſauvé la Hollande, la Grande-Bretagne & toute l'Europe.

Aujourd'hui qu'il s'appelle notre allié, aucun des reproches, qu'il peut avoit merité de notre part, n'eſt juſte & legitime. Il ne nous eſt plus permis de dire de lui autre choſe, ſi ce n'eſt qu'il eſt un allié très utile, très ſûr & très reſpectable. Si c'eſt de ſa bonne volonté pour nous que doivent dépendre les conditions de notre paix future avec la France, ne comptous pas trouver un appui bien ſûr dans l'amitié d'un Prince qui peut croire qu'il a des griefs ſi forts contre nous? Mais tout homme

de

de bon ſens qui ſe rappellera ce que nous avions commencé de negocier à la Cour de Petersbourg, & l'objet évident du traité de Ruſſie, conviendra qu'il eſt difficile d'imaginer que le Roi de Pruſſe puiſſe jamais l'oublier. Qui eſt-ce qui n'imagineroit point que trois mois après la ſignature de ce traité, il ne pouvoit pas y avoir en Europe deux Cours moins amies que celle de Londres & de Berlin, & ce fut alors cependant que fut conclu le traité de Weſtminſter.

Une populace imbecille ſe laiſſera prévenir en ſa faveur, dans l'eſpace d'un moment, & il ne faut pas en être ſurpris. C'eſt un grand guerrier, qui ſe bat tant qu'on veut & à qui les gazettiers, pour flatter l'opinion vulgaire, donnent les qualités les plus merveilleuſes. Mais mes lecteurs qui jugeront de l'impreſſion que le traité de Petersbourg aura dû faire ſur les deux maiſons Electorales, ne pourront s'empêcher de ſe demander à eux-mêmes, comment il eſt poſſible que dans un intervalle de trois mois l'amitié la plus chaude put naître entre deux Cours, de la haine qu'elles ſe portoient mutuellement pour les cauſes les plus legitimes. Ce traité de Weſtminſter conſiſtoit en un ſeul article:

c'étoit la promesse de fermer l'entrée de l'Empire à toutes les troupes étrangeres. Quel en a été l'effet ? Nous avons observé le traité, en empêchant les Russes d'entrer dans l'Empire. Mais comme les protestations serviles que nous lui faisions de notre attachement & de notre respect, ne faisoient que le convaincre de la frayeur qu'il nous avoit inspirée, lorsqu'il se vit assûré du côté des Russes, il negligea Wesel, que son pere avoit fait fortifier avec tout le soin imaginable, & il laissa entrer les François en Allemagne. L'appréhension qu'il ne se joignît à la France, fut cause qu'aulieu de lui marquer un juste ressentiment de ses infractions aux anciens traités, nous consentimes à en faire un nouveau, dans lequel nous paroissons le supplier bien humblement de ne pas nous abandonner, & où nous lui offrions d'acheter notre sûreté par un tribut d. six cens soixante mille livres sterling. Le lecteur trouvera ce traité à la fin de cette brochure; il pourra lui-même examiner, s'il est possible, de lui donner une autre interprétation.

Peut-il se dissimuler qu'il est redevable de toute son importance à l'adresse avec laquelle il a sçu duper alternativement les

François & nous. Et n'eſt-ce pas une politique bien ſenſée dans les circonſtances où ſe trouve le Roi de Pruſſe & avec l'eſpèce de genie qu'il a, de chercher à s'aſſûrer de ſes ennemis, après avoir abuſé de la complaiſance de ſes amis? Nous ſommes donc réduits à eſpérer, que, s'il devient le maître de dicter des conditions de paix à la fin de la guerre, l'objet, qui l'occupera principalement, ſera, de faire des François ſes amis, après avoir tiré tout ce qu'il aura pû des Anglois.

Voilà ce que notre nation doit ſe promettre des efforts qu'elle fait pour l'élever, & pour le rendre l'arbitre des conditions de la paix future. Croira-t'il alors qu'il ſoit de ſon intérêt de ſouffrir que ſes premiers & ſes plus naturels alliés, les François, ſoient dépouillés de leurs établiſſemens, & que la Grande-Bretagne ſoit aſſez forte pour ne point dépendre de lui, & de toutes les petites liaiſons Allemandes desquelles ſeules il peut tirer ſa grandeur? Il y a trop longtems que ces Princes d'Allemagne, je n'en dirois pas autant de leurs peuples, goûtent les doux avantages de ces conteſtations entre les François & nous, à l'occaſion desquelles nous leur avons fait la cour pour avoir leurs troupes. Il y a trop longtems qu'ils sont accoûtumés à s'en feliciter, pour qu'aucun d'eux puisse souhaiter que la Grande-Bretagne prenne à la paix assez d'ascendant pour mettre une fin à leur lucrative importance. J'espére que son pouvoir sur nous tire à sa fin. Mais si nous continuions à le soutenir & à l'aider à se rendre l'arbitre de l'Allemagne, quelle partie de ce vaste pays pourroit s'assûrer de n'en pas ressentir de funestes conse-quences? Lui échapera-t'elle cette terre chérie, pour la défense de laquelle nous avons si longtems remué le ciel & la terre, par le moyen de laquelle, dans deux guerres consecutives, les François ont fait adroitement tomber sur nous la pésante necessité de gagner à force d'argent une moitié de l'Allemagne & de nous battre contre l'autre? Ses prétensions s'accroitront avec sa grandeur, & il lassera notre patience en épuisant nos ressources. Tôt ou tard il nous demandera quelque chose de plus, que ce qu'il sera en notre pouvoir de donner pour assûrer l'Electorat. Je voudrois sçavoir si la proïe, qu'il guette depuis si longtems, sera moins convoitée de lui, parce que nous aurons abandonné sa protection, & le morceau en sera-t'il moins friand, à cause de tous les millions que nous avons dépensés pour le conserver?

Mais l'honneur de la nation est intéressée dans la guerre présente, & nous ne pouvons nous dispenser de remplir fidélement nos engagemens. Sans contredit nous devons les remplir, s'ils ne sont point contraires à notre honneur. C'est au lecteur à juger par lui-même, en jettant les yeux sur le traité, si les engagemens, dont il s'agit, sont honnêtes ou non, & il verra que nous avons aujourd'hui une occasion de décider la question par le fait.

Les six-cens soixante & dix mille livres sterling, que nous sommes obligés par le premier article de donner à notre allié, ont pour objet, ou de racheter la crainte en prévenant certain mal, ou de payer un avantage comme celui d'un secours & d'un appui. Si c'est un mal que nous cherchons à prévenir, il s'ensuit que le premier & le second article, qui dans tout traité, fait avec égalité, doivent regarder les deux parties, sont l'un & l'autre en sa faveur. Il aura l'argent en le demandant, employera comme il entendra les troupes levées avec cet argent, & il appellera son intérêt particulier la *cause commune*; c'est-à-dire, que l'argent qu'on lui donne, est strictement parlant, un véritable tribut. Or je soutiens que l'honneur de la Grande-Bretagne, aulieu de la forcer à continuer d'être tributaire, doit la presser de se libérer le plûtôt qu'il lui sera possible de cet affreux esclavage.

Si l'on dit que c'est l'acquisition de quelque avantage pour l'Angleterre, j'en conclus que le second article doit s'interpréter uniquement dans la vue de nos intérets. Nous avons le droit de juger ce que c'est que *la cause commune*, & de décider en quel lieu doivent être employées les troupes levées avec notre argent. Or, il n'y a qu'à tout de suite en faire l'épreuve, & demander au Roi de Prusse qu'il envoye à notre secours dans l'Electorat cinquante mille hommes de ses troupes. S'il remplit à cet égard les engagemens qu'il a pris dans le traité, je dirai alors qu'il est de l'honneur de la nation d'y adhérer; s'il refuse de satisfaire à cette obligation, c'est un traité qu'il est de notre honneur de rendre nul sur le champ.

Mais cette grande question, qui a été si longtems agitée, sçavoir, *si la Grande-Bre-*

tagne doit avoir quelques liaisons sur le continent, vient d'être enfin décidée, & tous les partis s'accordent à convenir que l'Angleterre ne peut se dispenser d'avoir de ces liaisons. Faisons ensorte de nous entendre. Des liaisons sur le continent peuvent signifier des liaisons ou avec tout le continent de l'Europe ou seulement avec une partie, & cette partie peut-être très grande ou très petite. La grande alliance formée par le Roi Guillaume contre la France, entre l'Angleterre & les autres Etats de l'Europe, étoit une liaison sur le continent. Un traité avec un Prince d'Allemagne pour un corps de troupes, comme avec le Prince de Buckbourg, pour un Regiment d'Artillerie est une liaison sur le continent. Or est-il possible que nous formions aucun jugement sur une proposition énoncée en termes si vagues & si indéfinis? Il se présente deux choses à l'idée dès le commencement de cette discussion. La premiere c'est que cette grande question que l'on dit avoir été débattue si longtems & n'être décidée que depuis peu, n'avoit jamais été matiere de doute, parce que depuis la conquête jusqu'à présent elle n'a jamais été proposée; l'autre c'est qu'elle ne sera jamais corps de queſtion, par la raiſon que les termes en ſont ſi vagues & ſi généraux, qu'ils ne préſentent aucun ſens déterminé, & n'expriment préciſement rien du tout.

Cependant comme ceci demande toute notre attention, la ſeule maniere honnête que je connoiſſe pour traiter ce ſujet, eſt d'expoſer les différens ſens dans lesquels la queſtion peut être entendue & de péſer le merite de chacun de ces différens ſens. Les termes doivent-ils être pris dans leur ſens le plus général? Eſt-il queſtion de décider s'il peut y avoir des tems & des circonſtances où la Grande-Bretagne doive former quelque liaiſon avec tout le continent de l'Europe, ou ſeulement avec une partie? Mais c'eſt une queſtion trop générale pour qu'elle puiſſe être matiére de diſcuſſion. Il eſt impoſſible, à qui que ce ſoit, d'affirmer qu'il ne ſçauroit jamais y avoir certaines conjectures, certaines occurrences qui nous forçaſſent à contracter des alliances ſur le continent. Tout au moins eſt-il bien certain que la queſtion n'a jamais été agitée depuis l'acte d'établiſſement, cet acte ayant été lui-même un traité d'alliance avec le continent & un des plus heureux que nous ayons faits, quoique peut-être il n'ait pas été destiné pour avoir tant d'influence sur nos affaires qu'il en a aujourd'hui. Si nous prenons sur le continent notre future Reine (& les bons Anglois souhaiteroient peut-être que dans les circonstances actuelles nous fussions la chercher ailleurs qu'en Allemagne) ce sera encore une alliance avec le continent. Ainsi en supposant qu'on doit prendre les termes de la question dans leur sens le plus étendu, il n'est pas possible qu'elle ait formé matiere de doute depuis l'acte d'établissement. Mais soit que dès ce tems-là elle ait été décidée, ou qu'elle ne vienne que de l'être, & avec un bonheur plus sensible, nous tirerons bien peu de lumieres de cette décision. En effet de ce qu'on auroit réconnu qu'il peut y avoir telle circonstance où la Grande-Bretagne feroit bien de former des liaisons sur le continent, il ne peut pas en résulter que toutes les liaisons semblables, qu'elle pourroit contracter, seroient sagement combinées. Autrement il faudroit renverser les principes de la Logique & dire : *Omne minus includit majus.* Pour lever tous les doutes sur cette fameuse question, nous allons exposer nettement quelle est de toutes les alliances possibles avec le continent celle que nous avons ſpécialement en vuë.

Il faut encore diſtinguer dans cette eſpèce de liaiſons celles qui nous uniroient à tout le continent, de celles que nous n'aurions formées qu'avec une ou pluſieurs puiſſances ſeulement. Ce n'eſt point ſûrement de liaiſons avec toutes les puiſſances qu'il peut-être queſtion, parce que toute l'Europe n'a jamais formé de confédération contre une des trois autres parties du monde, au moins depuis le tems des croiſades. Ou ſi une pareille alliance pouvoit ſe ſuppoſer, on ne riſqueroit rien de la regarder comme nulle; car politiquement parlant, être ami de tout le monde, c'eſt n'être ami de perſonne. Mais indépendamment de cela, il eſt queſtion d'un état de guerre, avec lequel ne ſçauroit s'accorder l'idée d'une bonne union avec toutes les puiſſances.

Les liaiſons de l'Angleterre ſur le continent ne peuvent donc ſe ſuppoſer qu'avec une partie des puiſſances de l'Europe; or il s'agit de ſçavoir ſi c'eſt avec le plus grand ou avec le plus petit nombre de ces puiſſances. Si l'on décide que ce doit être avec le plus grand nombre, il faudra encore demander, pour nous rapprocher, autant qu'il est possible, de l'objet présent de la question, si ce seroient seulement des liaisons d'amitié & de bonne correspondance, ou si ce ne seroit pas plûtôt une mutuelle inimitié qui nous rapprocheroit les uns des autres; car nous n'avons de liaisons d'amitié avec aucune des grandes puissances de l'Europe, qui ci-devant étoient nos alliées. Ce ne seroient sûrement point la Hollande ou le Dannemark qui voudroient s'unir à nous. Quant à l'Impératrice & à l'Empire, à la Russie & à la Suéde, ces Puissances sont alliées des François nos ennemis; si l'on entend donc par des liaisons avec le continent une alliance avec les principales Puissances de l'Europe, il faut que ce soient des liaisons d'inimitié que l'on ait en vue, car pour des liaisons d'amitié, il n'en est pas question. Je crains que nous ne soyons dans le cas de ne communiquer avec ces Puissances que par le bout de nos fusils.

Où sont donc nos liaisons avec le continent? Un Electeur de Brandebourg en considération d'un subside annuel de six cens soixante & dix mille livres, veut bien s'engager à ne faire aucun mal au pays d'un autre Electeur son voisin, & la Grande-Bretagne a contracté pour la défense de cet Electorat une alliance avec une puissance du continent que l'on appelle la Hesse. Elle n'a point pû en trouver d'autres; il lui en falloit une cependant, & elle s'est accommodée de celle-là. C'est-là le dernier sens & le seul par lequel on puisse entendre la proposition énoncée plus haut comme une justification de notre guerre présente en Allemagne, sçavoir que l'Angleterre doit avoir des liaisons sur le continent.

Voyons à présent si cette proposition peut signifier que la Grande-Bretagne ne sçauroit se passer d'alliances sur le continent, & qu'ainsi une puissance refusant toute liaison avec elle il faut, à quelque prix que ce soit, qu'elle cherche jusqu'à ce qu'elle en ait trouvé quelqu'autre. Après avoir gémi pendant quelques instans sur le sort de notre pauvre isle, qui s'étant si longtems soutenue par elle-même sur la surface des mers, seroit menacée aujourd'hui d'être engloutie, si elle cessoit un moment d'être retenue par les fortes chaînes d'une liaison avec le continent, nous seroit-il permis de demander, si par hazard cette proposition n'auroit point le défaut de prouver trop? Car si nous adoptons cette nouvelle doctrine, si nous convenons que la Grande-Bretagne eſt dans l'obligation d'avoir quelqu'alliance ſur le continent, il s'en ſuivra que, ſi la partie de l'Europe qui a le bon droit de ſon côté, ne veut pas de liaiſons avec nous, il faudra bien que nous nous jettions du côté de celle dont la cauſe ſera mauvaiſe, ou que ſi le parti le plus fort refuſe notre alliance, nous l'offrions au plus foible. Il ne me conviendroit point de porter une condamnation ſur la juſtice de notre gouvernement, & de ſuppoſer qu'il a pû embraſſer le parti de la mauvaiſe cauſe. Au moins pourroit-il dire pour ſa juſtification qu'ayant été dans la guerre préſente l'allié des deux partis (de la Ruſſie d'abord, & enſuite du Roi de Pruſſe) il n'eſt pas poſſible qu'il ne ſe ſoit trouvé du côté où étoit le meilleur droit. Mais ce qu'il ne pouvoit nier, c'eſt qu'il a ſûrement choiſi le côté le plus foible, c'eſt-ce que prouvera longtems une dette de vingt-ſix millions contractée depuis ſon alliance avec le Roi de Pruſſe.

Revenons à notre ſujet : la grande queſtion qui réellement a toûjours été agitée depuis la révolution juſqu'à ce jour, & la ſeule qui intéreſſe l'Angleterre, c'eſt celle-ci de ſçavoir juſqu'à quel point la Grande-

Bretagne doit s'engager dans des alliances sur le continent. On peut avoir remarqué que l'unique but de ces considérations a été de remonter au véritable systéme de la révolution, & de l'établir de nouveau. Suivant ce systéme la France est le seul ennemi sur le continent qui soit rédoutable pour l'Angleterre. Toutes les fois que les autres nations de l'Europe formeront une alliance effective contre la France, il est de notre intérèt d'entrer dans cette alliance. Mais quand la discorde regnera en Europe, & surtout en Allemagne, gardons-nous bien, si les principes, qu'on vient de poser, sont véritables, de prendre la moindre part dans les querelles du continent, à moins que tout au plus ce ne soit pour offrir d'arranger leurs différends par notre médiation. Bien loin que l'intérêt, que nous voyons prendre à la France dans les troubles de l'Allemagne, soit un motif pour nous engager à embrasser le parti opposé, c'est précisément la raison, pour laquelle nous devons nous en écarter le plus qu'il nous est possible.

Tel est le principe qui animoit nos plus grands Ministres dans les vingt premieres années de la révolution. Le meilleur Politique, qui ait jamais occupé le thrône de la Grande-Bretagne, ne voulut point en suivre d'autres pendant tout son regne. Après avoir été le libérateur de son pays, & ensuite de la Grande-Bretagne, la grande alliance mit le sceau à sa gloire, & il fut le libérateur de l'Europe. Il n'y avoit qu'une alliance comme celle-là qui put rompre les fers que la France lui préparoit. Si le Roi Guillaume, lorsqu'il prit la couronne Britannique, aulieu de se mettre a la tête de l'Europe entiere, & de réunir plusieurs de ses Princes contre la France, eût été assez mal avisé pour se rendre le chef d'une faction Germanique, en ne formant que de petites liaisons avec les Princes d'Allemagne, & en faisant agir nos forces dans les troubles intérieurs de l'Empire, le Roi de France lui en auroit sçû intérieurement fort bon gré, mais aucune puissance n'auroit voulu se joindre à lui, & quand la nation eût été disposée à lui octroyer des sommes trois fois plus considérables que ce que ses guerres lui ont coûté, tous nos trésors auroient été épuisés sans fruit, & l'Europe se seroit vuë dans l'Esclavage.

Mais ce grand Prince connoissoit trop l'intérêt de la Grande-Bretagne pour prendre d'aussi fausses mesures. Aulieu de se mettre à la tête d'une petite faction en Allemagne, nous le voyons animant les conseils réunis de l'Europe contre l'ennemi commun, & tous les Souverains réglant leur marche sur la sienne, pour arriver au but de l'avantage général. On fit dans le tems un tableau de cet auguste congrés, mais le lecteur pourra facilement s'en former une idée en parcourant la liste que j'ai jointe ici des grands personnages qui y assistérent, & du nombre des troupes que chaque Souverain avoit promis de lever pour le service de cette grande alliance. *

* *Tous ceux-ci assisterent au Congrés.*

L'Electeur de Brandebourg.
Le Prince son frere.
l'Electeur de Baviere.
Le Duc de Saxe-Eisenach.
Le Duc de Lunebourg.
Le Prince Philippe Palatin.
Le Duc de Zell.
Le Duc de Sulzbach.
Le Duc de Wolfenbuttel.
Le Prince de Wirtemberg-Newstadt.
Le Prince Christian Louis de Brandebourg.
Le Prince de Wirtemberg.
Le Prince de Waldeck.
Le Prince son frere.

Le

Le Prince de Naſſau.
Le Duc de Courland.
Le Stadthouder de Friesland.
Le Prince Ferdinand ſon frere.
Le Prince de Naſſau-Saarbruck.
Le Prince d'Anhalt-Zerbſt.
Le Gouverneur de Bois-le-Duc.
Le Landgrave de Hombourg.
Le Prince de Naſſau-Dillembourg.
Les trois Princes de Holſtein-Beck.
Le Prince de Naſſau-Idſtein.
Le Duç de Holſtein.
Le Duc Adminiſtrateur de Wirtemberg.
Le Prince de Commerci.
Les deux Princes d'Anſpach.
Le Prince Palatin de Birckenfeld.
Le Landgrave de Heſſe-Darmſtadt.
Le Comte de Horn.
Le Comte de Gryal.
Le Comte d'Erbach.
Le Comte d'Arco.
Le Comte de Tirimont.
Le Comte de Rivera.
Le Comte de Brouay.
Le Comte de Sanfra.
Le Rhingrave.
Le Comte de Lippe.
Son frere.
Le Comte d'Eſpence.
Le Comte de Fugger.
Le Comte de Denhof.
Le Comte de Carelſon.
Le Baron de Pallan.
Le Baron de Spacia.
Le Marquis de Cashlemonlayo.
Le Marquis de Caſtanago, Gouverneur des Pays-Bas Eſpagnols.

Le Géneral Chaubert.
Le Géneral d'Elwicht.
Le Géneral Barfus.
Le Géneral d'Autel.
Le Géneral Palfi &c.

Voici les Ambassadeurs & Ministres Etrangers qui y étoient présens.

De la part de l'Empereur,
Le Comte de Winditsgratz & Berka.
Le Chevalier de Campecht.

De la part du Roi d'Espagne,
Don Emanuel de Colonna.

De la part du Roi de Dannemarck,
Le Comte de Rebenklau.
Mr. Centhe.

De la part du Roi de Suéde,
Le Comte d'Oxenstirn.

De la part du Roi de Pologne,
Mr. Moreau.

De la part de l'Electeur de Baviere,
Le Baron de Broomgarden.
Mr. Prielmeyer.

De la part de l'Electeur de Brandebourg,
Mr. Vandiest.
Mr. Smettau.

De la part du Landgrave de Hesse-Cassel,
Le Baron de Gortz.
Mr. Reppelaar.

De la part du Duc de Wolfenbüttel,
Le Baron de Crosfeck.

De la part de l'Electeur de Saxe,
Mr. Haxhausen.

De la part de l'Electeur de Trèves,
Le Baron de Leyon.
Mr. Champagne.

De la part de l'Electeur de Mayence,
Mr. Dalberg.
Mr. Meyers.

De la part de l'Electeur de Cologne,
Le Général & Baron de Berusaw.
Mr. Sœlmaker.

De la part de l'Electeur Palatin,
Mr. Hertermans.

De la part du Duc de Savoye,
Le Comte de Pielat.
Le Président de la Tour.

De la part du Duc de Zell,
Mr. Zieger.

De la part de l'Evêque de Munster,
Mr. de Nort.

De la part du Duc de Hanovre,
Mr. Klekk.

De la part du Duc de Holstein-Gottorp,
Mr. Tourken.

De la part du Prince de Liège,
Le Conseiller Méan.

Les sujets du Roi Guillaume qui l'accompagnoient & qui se trouverent avec lui dans cette assemblée.

Le Duc de Norfolk.
Le Duc d'Ormond.
Le Comte de Devonshire.
Le Comte de Dorset.
Le Comte d'Essex.

Le Comte de Nottingham.
Le Comte de Scarborough.
Le Comte de Selkirk.
L'Evêque de Londres.
Le Lord Dramlendrits.
Le Lord Dursley.
Le Comte de Portland.
Le Comte de Monmouth.
Le Duc de Schomberg.
Son frere le Comte Meinhard &c.

Les Contingens des troupes.

L'Empereur	20000
Le Roi d'Eſpagne en Flandres	20000
Les Etats Généraux	35000
Le Duc de Savoye & les troupes de Milan	20000
L'Electeur de Baviere	18000
L'Electeur de Saxe	12000
Le Landgrave de Heſſe	8000
Les Cercles de Suabe & de Franconie	10000
Le Duc de Wirtemberg	6000
L'Electeur de Brandebourg	20000
Le Prince de Liége	6000
L'Evêque de Munſter	7000
L'Electeur Palatin	4000
Le Prince de Luneburg	16000

Telle étoit l'auguſte aſſemblée qu'il réunit à la Haye. Mais, s'il étoit poſſible aujourd'hui de ranimer ſes cendres, quel chagrin ne reſſentiroit-il pas de voir tout ſon ſyſtéme renverſé, les conſeils & les tréſors de la Grande-Bretagne employés à fomenter des divisions parmi les Princes de l'Empire, qu'il travailloit sans cesse à réconcilier ensemble, & à réunir pour l'avantage de la cause commune? Combien ne gémiroit-il pas de voir la Grande-Bretagne, qui devroit marcher à la tête d'une grande alliance, s'abaisser aulieu de cela jusqu'à seconder l'ambition d'un Electeur de Brandebourg, & lui offrir un tribut annuel, pour l'empêcher à ravager plus d'un Electorat Protestant? De quelle indignation ne seroit pas saisie l'ombre de ce grand Roi à la vue d'un homme qui ose faire sonner comme les plus grands avantages nos alliances honteuses avec le Landgrave de Hesse-Cassel & un Electeur, & qui veut mettre encore sa politique mesquine, ruineuse & impraticable en parallele, sous le titre pompeux de liaisons du continent, avec une grande alliance dans laquelle l'Angleterre dictoit la loi à toute l'Europe?

On a dit que dans ces alliances du Roi Guillaume, c'étoit l'Angleterre qui payoit tout, & que la vanité de la nation étoit flattée de voir qu'il n'y avoit d'argent que chez elle. Cependant je sçais que les Hollandois payoient leurs tiers des subsides dans l'une & l'autre de ces alliances, &

qu'ils fournissoient trois cinquiemes des troupes. Mais quelques fortes sommes que nous eûssions pû payer, l'objet étoit grand, & digne d'un vrai patriote & d'un ami de l'Europe. Au surplus à quoi se montoit ce que nous avions à payer? toute la somme octroyée en 1691. pour le service de terre ne passoit pas deux millions trois cens quatre-vingt mille six cens quatre-vingt dix-huit livres. Elle servoit à l'entretien des troupes d'Angleterre & d'Irlande & de six mille Danois pris à notre solde pour aider à chasser l'ennemi de cette Isle, & pour former notre contingent dans la grande alliance. La paye effective de ces troupes de terre, dont le nombre se montoit à 96636. hommes, étoit de 1880698. & les cinq-cens mille livres restantes, ainsi qu'il paroît par les résolutions des autres années, servoient pour l'artillerie, pour les Officiers Généraux, pour les recrues, pour les bâtimens de transport, pour les subsides, pour les hôpitaux en Flandres & pour les besoins imprévus.

Il n'étoit point d'usage alors d'approprier des sommes particulieres à chaque objet particulier de service; mais dans la distribution que l'on vient de voir de ces cinq-cens mille livres, combien croit-on qu'il pût en rester pour les subsides ? Il y a certains de ces articles qui dans la guerre présente absorberoient toute cette somme. Mais supposons que la modération des hommes de ce tems-là laissât cent mille livres sterling pour les subsides; c'étoit tout ce que pouvoient avoir les Princes d'Allemagne pour les quatre armées de quarante & cinquante mille hommes chacune, qu'ils entretenoient sur les frontieres de la France. Encore cette guerre étoit-elle représentée par les ennemis de Guillaume, & jusqu'à la paix d'Utrecht par tous ceux qui avoient hérité de leurs principes, comme une guerre ruineuse. C'est-à-dire, qu'on estimoit que la guerre étoit ruineuse, parce qu'on donnoit environ cent mille livres sterling aux Princes d'Allemagne pour armer tout l'Empire contre la France, & aujourd'hui que, sans avoir d'alliés réels en Allemagne, une grande partie de nos trésors y sont employés à mettre ceux qui devroient être nos alliés en état de s'égorger les uns les autres; aujourd'hui, dis-je, on veut faire passer une guerre pareille pour sage & profitable, par cette seule raison que l'Angleterre ne peut pas se passer de liaisons sur le continent.

Je ne prétends pas dire, que ces subsides ne soyent devenus dans la suite plus considérables. Le Lecteur peut voir leur accroissement dans l'histoire de nos fonds publics. J'ai rélévé les subsides que l'Angleterre payoit dans l'Allemagne en l'année 1704. lorsque les troupes Hollandoises & Angloises marcherent en Allemagne, & lorsque, réunis à une partie de l'armée Impériale, ils battirent les François, à qui ils défirent quarante mille hommes de leurs meilleures troupes. *

	Liv.	s.	d.
* Pour le payement de la part des subsides dues aux alliés par Sa Majesté pour sa portion du contingent de 40000 hommes, 21672 étrangers, & 18328 sujets	55272	—	—
Au Roi de Dannemark	37500	—	—
Au Landgrave de Hesse-Cassel	11848	—	—
A l'Electeur de Trèves	5924	—	—
Aux Etats de Suabe	31642	—	—
A l'Electeur Palatin	712	—	—
A Mr. Moncado pour la perte des chariots & des chevaux	8000	—	—
Au Marquis de Miremont	400	—	—
	151298	—	—

Dans l'année 1706. * les ſubſides étoient augmentés, mais toute la dépenſe de l'armée de terre, y compris les ſubſides & la paye de notre contingent n'excédoit pas 2814583. liv. 15. ſ. 9. d. Par cette dépenſe nous obligions nos ennemis à entretenir des armées en Portugal, en Eſpagne, en Italie, en Savoye, en Allemagne & en Flandres; il y avoit des armées de nos alliés auſſi fortes que les leurs, qui leur faiſoient tête dans toutes ces parties de l'Europe. A cela il faut joindre la défaite de vingt mille François à la bataille de Ramillies, la perte qu'ils firent d'une armée entiere, & d'un demi million en argent au ſiége & à la bataille de Turin.

Je ſçais encore que l'on a dit que nos alliés n'avoient point fourni leurs différens contingens. Je reponds à cela, que

	Liv.	ſ.	d.
* Au Roi de Dannemark	37500	—	—
Au Roi de Portugal	150000	—	—
Au Duc de Savoye	160000	—	—
Au Landgrave de Heſſe-Caſſel	5952	7	6
A l'Electeur de Trèves	5852	7	6
A l'Electeur Palatin	4761	18	6
Au Roi de Pruſſe	50000	—	—
	414066	13	6

les Hollandois prouverent que le leur avoit toûjours été complet. Quant au reste, il est vrai qu'il pouvoit ne l'être point, c'est-à-dire, qu'aulieu de deux-cens mille hommes, nos alliés n'en avoient peut-être fourni que cent cinquante mille, qui avec notre contingent de cinquante mille hommes combattoient contre la France, sans coûter à l'Angleterre plus de 2815000. liv. Or il est bon d'observer que dans l'année 1760. nous avons dépensé le double de cette somme, dans l'Allemagne seulement, & que nous n'avons jamais eu plus de quatre-vingt dix mille hommes en campagne. Est-ce que cent cinquante mille hommes de plus ne seroient pas un renfort très à désirer, & ne vaudroient-ils pas mieux que de ne rien avoir? Si notre magnanime allié, qui reçoit de nous un subside plus considérable que tous nos alliés de l'Allemagne en 1706. vouloit nous rendre le service de nous prêter cent mille hommes, pour nous aider à répousser les François, le chicanerions-nous? Lui reprocherions-nous qu'il ne nous est d'aucun secours, parce qu'il s'en manqueroit de cinquante mille hommes qu'il ne nous prêtât autant de troupes que nos alliés sous la Reine Anne?

La Grande-Bretagne auroit très mauvaise grace de reprocher à ses alliés qu'ils ne fournissent point leur contingent; notre magnanime allié sçauroit bien nous repondre qu'il n'est obligé à rien. Jusqu'à ce que nous retrouvions l'occasion d'agir de concert avec la Hollande, l'Allemagne & les autres parties de l'Europe, dans une alliance réelle contre la France, ce ne sera jamais le véritable intérêt de l'Angleterre, ou de quelque partie que ce soit de l'Allemagne, que nos troupes soient envoyées sur le continent. Avant que nous formions des liaisons avec le continent, il faut qu'il soit lié avec lui-même. Parler de se lier à ce qui n'a point de consistence, c'est une proposition contradictoire.

On me réprésentera que la guerre d'Allemagne a empêché les François de pousser leurs opérations navales aussi vivement qu'ils auroient pû le faire. Pour repondre à cette objection, je demanderois, si nous regardons notre guerre d'Allemagne comme une guerre de diversion. Je ferois voir ensuite que dans l'idée d'une guerre de diversion est comprise celle d'une guerre à laquelle on s'est déterminé par choix & non par nécessité. Si cela est ainsi, j'ai déja observé combien il est esſentiel à un Etat lorſque le theatre de la guerre eſt à ſon choix, de préférer le lieu où il peut la faire de la maniere la plus avantageuſe. Notre guerre avec la France a commencé par des conteſtations ſur les Colonies des deux Puiſſances, & le Parlement Britannique a déclaré que c'étoit une matiere qui touchoit nos intérêts les plus immédiats & les plus eſſentiels. Pourquoi donc aurions-nous détourné notre attention de cette partie-là, pour tranſporter en Allemagne le principal ſiége de la guerre ? Toutes les diverſions que nous pouvons faire en Allemagne ſe réduiſent à y envoyer moins de troupes que les François, en faiſant deux fois plus de dépenſes qu'eux, & pour combattre contre des forces ſupérieures du double aux nôtres. C'eſt ſur ce pied que les choſes ont été depuis le commencement de la guerre, & il y a grande apparence qu'elles ne changeront pas. Rien ne charme plus les oreilles du peuple, que l'avantage que la bravoure de nos troupes nous donne en tout lieu ſur nos ennemis. Mais quand on voudra envoyer en Allemagne, où l'Angleterre n'a aucun intérêt à pourſuivre pour ſon compte ni pour celui d'aucun Prince du pays, ſi elle ſe pique de le bien connoître; quand on y enverra, dis-je, vingt-cinq mille Anglois contre trente mille François, sur la seule confiance d'une supériorité de courage; quand on les exposera, ce qui est encore bien plus extravagant, vis-à-vis de quarante mille hommes, on pourra reprocher au Ministere Britannique que c'est une entreprise d'un côté beaucoup trop ruineuse pour qu'à quelque égard que ce soit, on la choisisse de préférence pour faire une diversion, dont les François puissent ressentir quelque effet, & en même tems d'une conséquence trop grande relativement à l'Angleterre, pour qu'elle puisse raisonnablement la risquer.

Ainsi la Grande-Bretagne étant obligée à faire de plus grandes dépenses pour en suivre l'objet, qu'il ne lui est possible d'en occasionner à ses ennemis pour s'y opposer, on est forcé de convenir, que si la guerre d'Allemagne est une diversion, au moins ce n'en est point une qui ait mérité d'être choisie par préférence. Qu'il me soit permis d'ajoûter présentement, que la guerre d'Allemagne ne sçauroit faire à aucun égard une diversion. En quel autre endroit qu'en Allemagne la France trouveroit-elle aujourd'hui à employer ses troupes? Elle eſt la maitreſſe de les envoyer ſur ſes côtes, mais qu'y féront-elles? il faudroit qu'elles y reſtaſſent. A-t'elle des vaiſſeaux pour les tranſporter ici, & une eſcadre qui puiſſe les y convoyer? Pour quelle raiſon les côtes de France qui font face aux nôtres, ne ſont-elles point garnies de troupes, ſi ce n'eſt parce que les deux nations voyent également qu'une entrepriſe ſur la Grande-Bretagne eſt abſolument impraticable?

Si par l'envoi de nos troupes en Allemagne nous n'avons point réellement affoibli les forces de la France, ne croyons pas que nous l'ayons davantage empeché de pourvoir à la ſûreté & à la défenſe de ſes Colonies & de ſes Isles. Rappellons-nous la quantité prodigieuſe de bâtimens de tranſport chargés de munitions & de troupes, que les François envoyoient à leurs Colonies au commencement de la guerre, & que nos vaiſſeaux leur ont enlevé. Eſt-ce qu'ils n'avoient point de très fortes garniſons dans Louisbourg & dans Quebec? Enfin la longue réſiſtance qu'ils ont fait en Amérique, ne prouve-t'elle pas aſſez qu'ils ne pouvoient gueres y être mieux ſoûtenus. Ce n'eſt donc point l'armée Angloiſe en Allemagne, mais ce ſont plûtôt les fortes escadres qui ont perpétuellement bloqué leurs ports, qui sont cause de la perte qu'ils ont faite de leur Amérique.

Nos liaisons avec le continent n'ont pas fait plus de tort à leurs revenus qu'ils n'ont ralenti leur activité des autres côtés & diminué leurs forces. Ce n'est que l'argent qu'ils ont de reste qu'ils dépensent en Allemagne. C'est le seul endroit, où ils puissent l'employer à nous nuire. Lorsque la Grande-Bretagne sera réduite à demander la paix par l'énorme épuisement de ses trésors, ceux de la France ne tarderont point à s'accroître jusqu'au point de nous jetter dans la consternation. Tant que la guerre durera, il leur sera impossible de les employer à l'augmentation de leur marine; mais ce sera, n'en doutons point, l'unique soin qui les occupera après la paix, surtout si nous leur rendons la totalité de leur commerce de sucres, qui est pour eux une féconde pépiniere de matelots. Enfin, tant que la guerre continuera ses ravages, & que l'état des partis en Europe se maintiendra tel qu'il est actuellement, aucun accroissement de richesses ne pourra rendre les forces de terre de l'Angleterre égales à celles de la France, ni la marine de France égale à celle de l'Angleterre.

Mais, repondra quelqu'un, *si la guerre d'Allemagne ne nuit point actuellement aux projets de la France, au moins les a-t'elle dérangés au commencement de la guerre, & de plus, si les François n'eussent point été occupés de ce côté-là, ils auroient mis toute leur application à l'accroissement de leur marine, & ils seroient devenus sur mer formidables à la Grande-Bretagne.* C'est-ce que l'on ne me fera jamais croire. Notre marine au commencement de la guerre étoit supérieure à celle de la France. Si les François eûssent travaillé à augmenter la leur, nous en aurions fait autant de notre côté, & chacun sçait cet axiôme, si à des grandeurs inégales on ajoûte des grandeurs égales, les totalités restent inégales, ainsi notre marine auroit tout de même conservé sa supériorité.

Si après les raisonnemens nous cherchons l'appui des faits, si nous voulons rappeller la conduite des François depuis 1756. il sera aisé de voir que nous n'avons rien avancé que de juste.

Les François nous menacerent d'abord d'une invasion, & ils avoient très bien choisi

choiſi leur tems. Nous n'y vîmes d'autre remède que de nous emparer de tous les bâtimens qui rentroient dans leurs ports, jusqu'à ce que nous leur eûſſions pris quinze mille de leurs meilleurs matelots. Alors l'Electorat n'étoit nullement menacé. Loin d'y envoyer des troupes, nous fimes venir chez nous celles qui y étoient. Lorſque les François eurent manqué l'occaſion de nous écraſer tout d'un coup, ils ſe déciderent à eſſayer de le faire par dégrés, & ils ſongerent à l'Allemagne. Auſſitôt que nous ſçumes qu'ils tournoient leurs vues de ce côté-là, nous y formames, (chacun peut s'en ſouvenir) une armée d'*obſervation;* le mot de *diverſion* ne nous étoit pas encore venu à l'idée. Les François déſeſpérant de faire un coup heureux en attaquant l'Angleterre, ſe voyant dans l'impoſſibilité de pourvoir, autrement qu'à la dérobée, à la défenſe de leurs colonies, ils envoyerent la plus grande partie de leurs forces de l'autre côté du Rhin. Ils voyoient avec déplaiſir que les Anglois alloient librement en Amérique, où les eſcadres Angloiſes les empêchoient de faire paſſer les ſecours néceſſaires pour mettre leurs poſſeſſions à couvert, ce fut ce qui les détermina à nous attirer en Allemagne. Ainſi convenons que ſi la guerre d'Allemagne eſt une guerre de diverſion, c'eſt pour le compte de la France, & non pour le nôtre, & que c'eſt par le choix des François & nullement par celui de l'Angleterre.

Je me flatte que je n'ai point manqué dans ces conſidérations au reſpect que je dois à mon Roi, & que je n'ai point laiſſé voir une averſion injuſte pour les peuples de l'Electorat. Je ſçais que nous ſommes ſujets du même maître, & que nous vivons dans la même Religion. Je voudrois que Hanovre pût venir ſe joindre à notre isle, afin qu'il fût raiſonnable de regarder les Hanovriens comme des compatriotes. Juſques-là l'intérêt des uns & des autres veut qu'ils reſtent où la nature les a placés, & que nous n'entendions jamais parler de l'Electorat, que comme d'une partie de l'Empire, ſi jamais il ſe réuniſſoit contre la France avec les autres Puiſſances de l'Europe. Juſques-là vouloir ſoûtenir l'Electorat, en nous épuiſant nous-mêmes, c'eſt perdre de gayeté de cœur tous les avantages que nous donne la ſupériorité de nos forces navales, c'eſt nous obſtiner à faire la guerre dans un païs, où la victoire ne peut nous rapporter aucun profit, & où nous ne pouvons pas faire à nos ennemis le plus leger mal. Je ne parle point du danger certain d'une affreuſe ruine, où nous nous expoſons en même tems pour l'intérêt d'un Prince qui n'aura jamais les moyens, & qui ne nous a jamais fait voir, qu'il eût la bonne volonté de nous rendre quelque ſervice.

Il paroîtra étrange à bien des gens d'entendre parler de ruine au milieu des plus brillans ſuccès. Jamais la nation Angloiſe, dira-t'on peut-être, n'a paru ſi grande que l'année derniere. Mais n'eſt-ce point nous abuſer nous-mèmes que de prendre l'accroiſſement énorme de nos dettes pour la méſure de notre grandeur? Je ſçais qu'il a été dit, *que l'Angleterre a aſſez d'argent;* mais je demanderois à ces gens, à qui nous paroiſſons ſi riches, s'ils croyent qu'une dépenſe annuelle de quinze millions ſterling pourroit durer encore quinze ans. Je parle de quinze millions, mais eſt-ce que les dépenſes de l'année 1760. ne monteront pas bien à dix-huit? Et n'avons-nous pas vû cet été des memoires, où l'on ſe plaignoit encore, qu'on n'avoit pas fait aſſez d'efforts pour le ſervice de l'Allemagne?

Nous allons faire un emprunt de douze millions pour l'année 1761. dans laquelle il eſt fort vraiſemblable que nous en dépenſerons au moins vingt. Diſons, tant qu'il nous plaira, que la France eſt ſur le point de faire banqueroute, je défie à qui que ce ſoit de prouver que nos ennemis ne ſoient pas en état de ſoûtenir la guerre encore ſept ans. Notre dette ſera donc à la fin de la guerre de plus de deux cens millions ſterling. Je doute fort, je l'avoue, que notre crédit puiſſe s'étendre juſques-là, ou que nos manufactures & notre commerce d'exportation puiſſent ſoûtenir le fardeau de l'intérêt d'un ſi énorme capital. Que l'on ſe faſſe une image de tous les maux qui peuvent nous arriver avant que nous en ſoyons venus-là. Lorſque toutes les nations nos voiſines retireront leurs fonds de nos mains, & feront en querelle avec nous pour leurs capitaux; lorſque nous ſerons plongés dans les horreurs d'une banqueroute générale; lorſque la méfiance & l'intérêt nous auront armé les uns contre les autres ; lorſque nos citoyens s'égorgeront dans le milieu de nos villes, nous ſera-t'il poſſible de lever dix millions dans l'année pour défendre l'Electorat, le pourrons-nous pour nous défendre nous-mêmes?

Quelques-uns de mes Lecteurs ſe rappelleront à cette occaſion ce qui eſt arrivé à un des principaux d'entre les anciens Etats, qui, ſous un gouvernement populaire, avoit cependant paſſé pour le plus ſage de tous, juſqu'à cette fatale époque. Il étoit en guerre avec un rival dangereux, le ſeul qu'il eut, & qui lui étoit ſupérieur par ſes forces de terre, mais de qui il triomphoit chaque année par ſes forces navales. Lorſque ſes richeſſes & ſa puiſſance à la mer furent parvenues au plus haut période, il négligea la guerre qu'il faiſoit pour ſes propres intérêts, & cela dans le tems préciſément, où tout le pays de ſon ennemi étoit à découvert, & il fut au loin s'engager dans une guerre de terre pour défendre un petit Etat ignoré, & dont cette ſeule liaiſon faiſoit toute l'importance. J'oſé eſpérer que nous reconnoîtrons dans peu combien nous ſommes à blamer de perſiſter dans une entreprise aussi impraticable, & que nous ne donnerons point sujet à la postérité de porter de notre guerre d'Allemagne le jugement que porta le sage Romain de celle de Sicile : *Hic primum opes illius civitatis victæ, comminutæ, depressæque sunt : in hoc portu Atheniensium nobilitatis, imperii, gloriæ naufragium factum existimatur.* CICERO in Verrem.

Traduction d'une Convention entre Sa Majesté & le Roi de Prusse, conclue & signée à Londres le 11. *Avril* 1758.

D'autant qu'entre leurs Majestés Britannique & Prussienne fut conclu & signé le 16. jour de Janvier 1756. un Traité, dont les stipulations tendoient au maintien de la paix générale de l'Europe & de l'Allemagne en particulier, & d'autant que depuis cette époque la France a non seulement envahi l'Empire avec des armées nombreuses & attaqué leurs susdites Majestés & leurs alliés, mais qu'elle a excité les autres Puissances à agir de la même maniere, & d'autant qu'il est notoire que les efforts extraordinaires faits par S. M. Prussienne pour se défendre contre le grand nombre d'ennemis qui l'ont attaqué à la fois par tant de côtés, l'ont engagé dans une dépense très grande & très onéreuse, tandis que d'un autre côté ses revenus sont considérablement diminués dans les parties de ses Etats qui ont été le theatre de la guerre, & Leurs Majeſtés étant convenu enſemble de continuer leurs efforts pour opérer leur ſûreté & défenſe mutuelles, ainſi que pour récouvrer leurs poſſeſſions, protéger leurs alliés & maintenir les libertés du Corps Germanique, Sa Majeſté Britannique a réſolu d'après ces conſidérations de donner à Sa Majeſté Pruſſienne un prompt ſecours en argent; ce moyen étant le plus court & le plus efficace; & Leurs ſuſdites Majeſtés ont jugé à propos qu'une convention ſeroit faite à ce ſujet, pour déclarer & conſtater leurs intentions réciproques à ce ſujet, aux fins de quoi ils ont nommé & autoriſé leurs Miniſtres reſpectifs, ſçavoir, au nom & de la part de Sa Majeſté Britannique, les Conſeillers privés Sir Robert Henley, Chevalier, Lord Garde du grand Sceau de la Grande-Bretagne, Jean Comte de Granville, Préſident de ſon Conſeil, Thomas Holles, Duc de Newcaſtle, premier Lord Commiſſaire de ſon Tréſor, Robert Comte de Holderneſſ un de ſes principaux Sécrétaires d'Etat, Philippe Comte de Hardwicke, & William Pitt, Ecuyer, auſſi l'un de ſes principaux Sécrétaires d'Etat; & au nom & de la part de S. M. Pruſſienne les Sieurs Dodo Henri Baron de Knyphauſen, ſon Conſeiller privé d'Ambaſſade & Miniſtre plénipotentiaire à la Cour de Sa Majeſté Britannique, & Louis Mitchell, ſon chargé d'affaires en cette même Cour; qui après s'être communiqué les uns aux autres leurs pleinpouvoirs reſpectifs, ſont convenus des articles ſuivans:

I.

Sa Majeſté le Roi de la Grande-Bretagne s'engage à faire payer dans la ville de Londres à la perſonne, ou aux perſonnes qui ſeront autoriſées à cet effèt par Sa Majeſté le Roi de Pruſſe, la ſomme de quatre millions de couronnes d'Allemagne, ſe montant à ſix-cens ſoixante & dix mille liv. ſterling; laquelle ſomme ſera payée en entier & en une ſeule fois immédiatement après l'échange des ratifications, à la premiere réquiſition de S. M. Pruſſienne.

II.

Sa Majeſté le Roi de Pruſſe s'engage de ſon côté à employer ladite ſomme à conſerver & augmenter ſes forces, qui agiront de la maniere la plus avantageuſe pour la cauſe commune & pour l'objet de défenſe mutuelle & de ſûreté réciproque que ſe propoſent Leurs Majeſtés.

III.

Les hautes parties contractantes s'engagent encore, ſçavoir, d'une part Sa Majeſté Britannique, tant comme Roi que comme Electeur, & de l'autre Sa Majeſté Pruſſienne, à ne conclurre aucun Traité de paix, de trêve ou de neutralité, ou telle autre convention ou accord que ce pût être, avec les Puiſſances qui ont pris part à la guerre préſente, autrement que de concert, & d'un conſentement mutuel, & en s'y comprenant expreſſément l'un l'autre.

IV.

Cette convention ſera ratifiée, & la ratification en ſera échangée de part & d'autre, dans l'eſpace de ſix ſemaines, à compter de la date de la ſignature de la convention, ou plûtôt, ſi cela eſt poſſible.

En témoin de quoi, Nous les Miniſtres ſouſſignés de S. M. le Roi de la Grande-Bretagne & de S. M. le Roi de Pruſſe, en vertu de nos pleinpouvoirs avons ſigné la préſente convention & y avons appoſé les cachets de nos armes.

Fait à Londres le 11. jour d'Avril de l'an de N. S. 1758.

FIN.

De l'Imprimerie de JEAN HENRI HEITZ, Imprimeur de l'Univerſité à Strasbourg.

www.ingramcontent.com/pod-product-compliance
Ingram Content Group UK Ltd.
Pitfield, Milton Keynes, MK11 3LW, UK
UKHW020151200726
13856UKWH00003B/940

9 782013 080200